JN133929

Rudolf Steiner

ルドルフ・シュタイナー

人間の四つの気質

日常生活のなかの精神科学

R. シュタイナー

西川隆範 編訳

風濤社

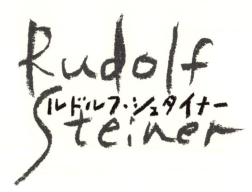

目次

編訳者はしがき

「コーヒーは強固な論理的思考を作り出す。紅茶はさまざまに浮遊する空想を生み出す。ココアは世俗的な交遊に適している」、「男性は髪の毛の切断面をとおして、空気から珪酸を吸収する必要があるから、ときどき散髪するのがよい。女性は体内で十分に珪酸を作れるので、髪は伸ばしていればいい。ただ、女性も年を取ると珪酸を十分には作れなくなるので、髪をカットするといい」。そんなことをたくさん喋ったのが、ルドルフ・シュタイナーというオーストリアの思想家です。

シュタイナーに学んだ人たちは、「人間は三十五歳まで世界から知識や経験を吸収し、それ以後は、自分から知恵を世界に注ぎ出す」とか、「二十歳までは人生の準備期、二十代と三十代は社会で経験を積む時期、四十歳以後が人生の成就期」というように考えて、日々を送っています。

ルドルフ・ヨゼフ・ロレンツ・シュタイナーは、一八六一年二月二十五日にハンガリーで生まれました。(一般には、彼が洗礼を受けた同月二十七日が誕生日だと思われています)。父ヨハンが三十二歳、母フランチスカが二十七歳のときの第一子です。父は南オーストリア鉄道に勤務し、転勤のたびに一家は引っ越しをしました。母は物静かで家庭的な女性でした。三歳年下の妹レオポルディーネは成人後、裁縫をしながら、両親の面倒を見ました。五歳年下の弟グスタフは聾唖《ろうあ》でした。

シュタイナーには理科系の才能があり、ウィーン工科大学に進みました。通学時の汽車のなかで、フェリックス・コグツキーという薬草商と知り合いになり、自然の神秘について語り合いました。大学ではゲーテ学者のカール・ユリウス・シュレーアーの講義に出席し、シュレーアーの紹介で、ドイツ国民文学双書の『ゲーテ自然科学論文集』の編集を任されました。

大学を出たあと、シュタイナーは二十三歳から二十九歳まで、ウィーンの羊毛輸入商シュペヒト家の四人の子どもたちの家庭教師になります。二十九歳から三十六歳までは、ワイマールのゲーテ・シラー文庫に勤務しました。その間、三十歳のときにカントとフィヒテの認識論を扱った論文によって、哲学博士号を取得しています。

三十六歳でベルリンに転居し、文学と演劇の評論誌の編集者になりました。三十八歳のとき、アンナ・オイニケ（四十六歳）と結婚しています。彼女は、シュタイナーがワイマールで下宿していた家の寡婦で、子どもが五人いました。シュタイナーは、その年から五年間、ベルリンの労働者教養学校で、歴史や文学や自然科学を教えました。

四十歳になったとき、シュタイナーはベルリンの神智学（セオソフィー）グループに参加します。神智学というのは、ロシア人女性ヘレナ・ペトロヴナ・ブラヴァツキー（一八三一―九一年）が創始した神秘思想で、古今東西の哲学と科学と宗教の総合を標榜していました。そのグループ内で、人間とはどういう存在か、宇宙はどのように出来ているかなどの問題に、シュタイナーは取り組みました。そして五十二歳のとき、神智学グループを離れて、独自に人智学（アントロポゾフィー）協会を組織し、「精神科学」の探究を続けます。五十三歳で、元舞台女優で神智学グループの一員だったマリー・フォン・ジーフェルス（四十七歳）と再婚しています。（先妻アンナは三年前に死去していました）。

精神科学というのは、心理学のようにプシュケー（こころ）の研究にとどまらず、プネウマ（霊性）までを探究の対象とする科学のことです。その探究を、宗教のように信仰を前提とせずに、自然科学的な思考方法で行なおうというのです。漠然とした神秘主義的感覚よりも、厳密な科学的態度を、シュタイナーは尊重していました。

シュタイナーは精神科学の探究のほかに、優律詩美《オイリュトミー》という運動芸術を創始したり、ゲーテ館《アヌム》という建物を設計したりしました。第一次世界大戦後には、社会論と経済学に力を入れて「社会有機体三分節」理論（自由な精神生活、民主的な政治、博愛に基づく経済）を熱心に説きました。そして、精神科学の人間観に基づく教育＝技芸（アート・オヴ・エデュケーション）を構築して自由鯨村《ワルドルフ》学校（いわゆるシュタイナー学校）を作ったり、農業（バイオ・ダイナミック農法）の講習会を開いたりしています。また、オランダの女医イタ・ヴェークマン（一八七六―一九四三）と共同で、精神科学に基づく医学を創始しました。

しかし、そのようなシュタイナー一派の活動を快く思わないオカルト結社があったようです。原因は不明なのですが、一九二二年の大晦《おおみそか》日深夜、ゲーテ館は全焼し、また人智学（アントロポゾフィー）協会再編のための会議を行っていた最終日の一九二四年元旦、夕刻のパーティーの席でシュタイナーは毒を盛られました。その一年余ののち、一九二五年三月三十日午前十時に、彼はドルナッハ（スイス）で息を引き取りました。

以上のような活動のなかで、彼は繰り返し、精神科学（人智学）は実用的なものだ、と述べています。

＊

本書には、シュタイナーが一九〇七年から一九二四年のあいだに行なった講演のなかから、とりわけ日常生活に生かせる精神科学の認識を取り扱った講演を収録してあります。（講演は年月順ではなく、テーマごとに並べました。書誌詳細については、あとがきをご覧ください。なおシュタイナーは、「アントロポゾフィー」という言葉を「人間叡智」などと訳して分かったような気にならずに、原語のまま使ってほしいと述べていますが、本書では便宜上、日本で流布している「人智学」

という訳語を使用したことをお断わりしておきます)。

最初に収めた「実際的な思考方法」(一九〇九年)と三番目の「心身を元気にする七つの方法」(一九一二年)は、シュタイナーの実用的精神科学の講演のなかで、特に有名なものです。どちらも神智学協会員を対象にした講演です。時間の経過に沿ってイメージ的な思考をすることによって、事実に即した有益な思考ができる、とシュタイナーは語っています。現代人は理知的な方向に偏りすぎて、生命的な力が弱っていますが、生命力を取り戻す具体的な方法の数々を、シュタイナーはこの二つの講演で示しています。

古代ギリシア以来、人間は火のように激しい胆汁質、風のように気が変わる多血質、水のようにゆったりした粘液質、土のように暗い憂鬱質の四タイプに分類されてきました。二番目に収めた公開講演「人間の四つの気質」(一九〇九年)では、その四タイプそれぞれの特徴と対処法が具体的に述べられています。胆汁質の人というのは赤色のような性格で、割り算を好みます。多血質の人は黄色のような性格で、掛け算を好みます。粘液質の人は緑色のような性格で、足し算を好みます。憂鬱質の人は青色のような性格で、引き算を好みます。胆汁質と憂鬱質の人は甘いものを食べるとよい、とシュタイナー派の人々は考えています。考え込む癖のある憂鬱質の人は、思考を刺激する根菜類を採りすぎないようにします。一方、多血質の人と粘液質の人は糖分を控えます。粘液質の人は、そもそも食べすぎないようにする必要があります。

「なぜ服を着るか」は、ゲーテ館の再建に携わっている労働者を対象にした、一九二四年の講演です。実用的な衣装と装飾的な衣装について、衣服の起源に遡《さかのぼ》って考察しています。

「何を食べるとよいか」（一九〇九年）と「知恵と健康」（一九〇七年）は公開講演です。シュタイナーは、蛋白質・脂肪・炭水化物・塩分の四つが人間に必要な栄養素であると考え、植物の根と葉と実が人間の頭部と胸部と腹部に作用すると考えていました。病気についてシュタイナーは、心身と心魂のバランス、神経系と循環―呼吸器系と新陳代謝系の関係が乱れるときに人間は病む、と考えていました。そして、病気の種類によって、自然界のどこから薬を採るか、あるいは心理的―芸術的な治療法にするかを示唆しています。

「心魂の調和を築く五つの方法」は、一九〇四年から一九一四年にかけて開講されていた神智学協会の秘教スクールでの講演で、シュタイナーが最も重視した心魂のトレーニング法が説明されています。思考・感情・意志をそれぞれしっかりしたものにし、それらの調和を形成するために不可欠のエクササイズがこれです。

「人体のリズム」は一九〇八年に行なわれた、神智学協会員のための講演です。男女の肉体のリズム、生命のリズム、こころのリズムについて語られており、バイオリズム研究に新たな視野が開けるはずです。

古代ギリシアでは、人生を七年ごとに区分し、それぞれの時期の特徴を考察していました。

「人生設計」に関する、一九〇七年の公開講演と一九二四年の人智学（アントロポゾフィー）協会員向け講演の二つを基にして、シュタイナーの後継者たちは人生における七年ごとの発展を、つぎのように考察しています。生まれてから七歳まで、子どもは自分を世界に開き、周囲の世界を反映して生きています。七歳から十四歳までは、世界のいろんなものごとに興味を抱く時期です。十四歳から二十一歳にかけて、自立に向かい、判断力を形成していきます。二十一歳から二十八歳までは希望に満ちて、溌剌《はつらつ》とした時期ですが、人が自分をどう評価しているかが気になります。二十八歳から三十五歳は、自己を吟味する時期で、理知的になります。三十五歳から四十二歳は、現実的になると同時に、他者に対して批判的になり、自分の本当の価値を探求していく時期です。四十二歳から四十九歳は、自分の人生の本当のテーマを考える時期、四十九歳から五十六歳は、そのテーマを実現する方法を探る時期、五十六歳から六十三歳は、そのテーマを実行する時期です。それ以降は、各々の時期固有の課題から解放されて、自由に生きる時期になります。

私たちは人生の経過のなかで、じつにさまざまな出来事に出会います。喜びも多いですが、苦難に直面することも少なくありません。最後に収めた神智学協会員のための講演「運命にどう向き合うか」（一九一二年）は、幸運と不運に直面したときに、どのような心構えで対処すればいいかを説明しています。不運な目にあったとき、不幸を嘆くしかないというのではなく、それを乗り越える認識をシュタイナーは示そうとしています。

＊

本書に収録した講演は日常生活に役立つものばかりですが、西洋神秘哲学に特有の用語がいくつか出てきます。それらの用語になじみのない方もいらっしゃると思いますので、簡単に説明しておきます。

シュタイナーは人間を、「肉体」「エーテル体」「アストラル体」「自我」という四つの「構成要素」からできている存在だ、と考えていました。

「エーテル体」は「生命体」とも言われます。肉体を生かしている「生命実質」のことです。「アストラル体」は「思い」、すなわち「感受・情動・思念」の場となる「こころ」という実体のことです。

さまざまな思いに揺れ動く「こころ」のほかに、人間は確固とした「自我」を持っているというのが、シュタイナーの見解です。「自分という意識」、あるいは主観的な「こころ」の深みにある「たましい」が「自我」だ、と考えればよいと思います。

この四つの構成要素からなる人間を、「身体」「心魂」「精神」（英語では、「ボディー」「ソウル」「スピリット」）という三つに区分することもあります。「身体」は、「肉体」と「エーテル体」を一つにしたものです。「心魂」は、「アストラル体」

と通常の「自我」を指します。「精神」は、天上的な「自我」と「霊性」を指します。「自我」を二つに分けないで、「心魂の中心に自我があり、自我のなかに精神が輝いている」と言うこともできます。

この自我が人間の本質であり、輪廻しつつ成長していく、とシュタイナーは考えていました。以上の点を踏まえておけば、シュタイナーが述べていることは、決して難しくありません。

それでは、シュタイナー流の生の技法をヒントにして、私たちの日々をより充実したものにするべく、本書をひもといていきましょう。シュタイナーには、アメリカンの軽さとは一味違う、ヨーロピアンのこくの深さがあります。ニュー・エージの安直さとは趣きの異なった、本格派の示唆が読み取れるはずです。

西川隆範

人間の四つの気質——日常生活のなかの精神科学——

Rudolf Steiner
Vorträge über Lebenskunst
Elf Vorträge zwischen 1907 und 1924 in verschiedenen Städten

Alle Rechte an den Texten von Rudolf Steiner
bei Rudolf-Steiner-Nachlassverwaltung, Dornach/Schweiz

実際的な思考方法

専門家の考えは実際的か

「人智学（アントロポゾフィー）は、実際的な思考の形成について語るために存在する」と言うと、奇妙に思われるかもしれません。門外漢はしばしば、「人智学は非常に非実際的なものであり、実生活に関わらないものだ」と、思っているからです。そのような意見は、ものごとを外的——表面的に考察することから生まれるのです。実際のところ、人智学は実際的な日常生活の指針となるべきものなのです。人智学は、いつでも感受性、感情に変容しうるものであり、私たちが人生に向かい合い、人生のなかにしっかりと立つことを可能にします。

自分が実際的だと思っている人々は、自分が非常に実際的な原則に従って行動していると思い込んでいます。しかし詳細に観察すると、「実際的な思考」というのが、そもそも思考などではなく、教え込まれて習性となった判断、思考習慣を相変わらず続けているにすぎないことが、しばしばあります。みなさんが客観的に実務家の思考を観察し、通常「実際的思考」と言われているものを吟味すると、そのなかに本当に実践的なものはほとんどないことが分かります。

人々が「実際的な思考」と言っているものは、「師匠はどう考えたか。以前にこれを作った人は、どう考えたか」を範とし、それに従うことなのです。そのようなことに左右されない人は「非実際的な人間だ」と言われます。教え込まれて習性となったものに一致しない思考は、非実際的なものだと見なされるのです。

しかし、本当に実際的なものが、実務家（専門家）によって見出されることは決してありません。例えば、今日の切手を取り上げてみましょう。「切手は郵便局の実務家によって発明されたのだ」と、思われるでしょう。そうではないのです。十九世紀初頭には、手紙を郵送するのは、非常に面倒なことでした。手紙を出したいと思う人は、手紙を配達してくれる機関におもむき、何冊も本を調べるなど、さまざまに面倒なことをしなくてはなりませんでした。今日のような均一の郵便料金になったのは、十九世紀半ばのことです。切手が発明されたのは、郵便局の実務家によってではなく、郵便局員ではないイギリス人ローランド・ヒル（一七九五―一八七九年）によってでした。

切手が発明されたとき、イギリス議会の郵政大臣は、「専門家ではないヒルが提案するように郵送の仕方を簡単にしても、郵便物の量が増えるとは思えない。もし仮に郵便物が増えたとすると、ロンドンの郵便局では捌《さば》ききれなくなる」と、語りました。この郵政専門の大臣の頭のなかにあった考えは、「郵便物の量は郵便局の処理能力に合わせるべきだ」というものでした。「郵便物の量に合わせて、郵便局が業務を拡大する」という考えではなかったのです。実務家（専門家）と素人のあいだで、そのような論争があったのです。今日では、手紙に切手を貼るというのは自明のことになっています。

鉄道に関しても同様です。一八三五年に、ドイツで初の鉄道がニュルンベルクからフュルトまで敷かれることになりました。そのことを聞いたバイエルン州の医師連盟は、専門家の意見として、「鉄道を建設するのは薦《すす》められない」と述べました。「どうしても建設するというのなら、鉄道の左右に高い板塀を立てて、人々が神経と脳に衝撃を受けるのを防がなくてはならない」と、言うのです。

ポツダムからベルリンに鉄道が敷かれたとき、郵便局長ナグラー（一七七〇—一八四六年）は、「私は一日に二両だけ、郵便車両をポツダムに走らせる。でも、両車両とも満杯にはならないだろう」と、予想しました。しかし、実際はこの予想ははずれて、大いに賑わったのです。

このように、生活の現実は、専門家、自分を実務家と思っている人々のところにはないのです。本当の思考と、教え込まれた思考習慣でしかない、いわゆる「実際的思考」とを区別しなくてはなりません。

私が経験したことを話して、それを今日のテーマにしようと思います。

私が学生だったころ、若いクラスメートがずる賢いことを思いついた者のように、満面に笑みをたたえてやってきました。そして、「僕は、これからラディンガー教授のところに行かなくてはならないんだ。だって、僕はものすごい発見をしたんだ」と、言うのです。ラディンガー教授というのは、当時、大学で機械工学を教えていた人です。その学生は「ごく少量の蒸気を用いるだけで、実に大量の仕事をこなせる機械を発明したんだ」と、言いました。

それ以上、彼は私に話をしている暇がありませんでした。大急ぎで教授のところに行かなくてはならなかったのです。ところが、教授に会うことができなくて、彼は戻ってきました。そして、私に詳しく話をしました。彼の話は空想的な永久運動のような感じがしました。

彼がすべてを語り終えたとき、私は、「よく考えてごらん。確かに才気走ったアイディアだ。でも実際には、君の話は、だれかがものすごい力で汽車を押せば、汽車は出発すると言っているようなものだよ。君の発見は、そんなふうな考え方になっているよ」と、言わなくてはなりませんでした。彼も、そのことを納得し、ふたたび教授のところに行こうとはしませんでした。

そのように人間は、自分の思考に、カプセルのように閉じ込められてしまうのです。そのカプセル状態に気づくのは稀です。いま述べたような目立ったケースではありませんが、多くの人々が生活のなかで、自分の思考に閉じ込められています。

思考が事物を作る

ものごとを詳細に観察できる人は、人間の思考プロセスがつぎのように経過することを知っています。車両のなかに立っている人々が、「自分たちが車両を内側から押して動かしている」と思っていることが、しばしばあります。生活のなかで起こることの多くは、それとはまったく異なったふうに生じています。

本当の思考の前提は、思考に対する正しい態度、正しい感情を得ることです。どのようにして、思考に対する正しい姿勢を獲得できるでしょうか。思考は人間のなか、つまり人間の頭や人間の心のなかでのみ行なわれると信じる者は、思考に対する正しい感情を持つことができません。そのような考えを持つ人は、誤った感情によって、正しい思考実践、正しい思考の必要条件からそらされます。

思考に対する正しい感情を得ようとする者は、「事物について思考し、思考によって事物を解明してみよう。その事物のなかに、思考が込められているにちがいない。事物は思考にしたがって構築されているにちがいない。その思考を、私は事物から取り出さなくてはならない」と、思うにちがいありません。

外界の事物については、一個の時計のように思い描かなくてはなりません。人体は、しばしば一個の時計と比較されます。しかし、その際、「時計職人がいる」という重要なことを、人々はたいてい忘れています。歯車がおのずと組み合わさって動くのではありません。まず時計職人がいて、時計を組み立てたということを、明らかにしておかなくてはなりません。時計職人のことを忘れてはなりません。

思考をとおして、時計は出来上がりました。思考が時計のなか、事物のなかに流れ込んだのです。自然界の現象、出来事すべてについても、そのように思わなくてはなりません。人間が作ったものに関しては、いま述べたとおりであることが容易に見通せます。それに対して、自然界の現象の場合は、そう簡単に気づくことができません。しかし、自然界の現象も霊的な活動であり、自然の背後には霊的な存在たちがいるのです。

人間は事物について考えるとき、まず、その事物のなかにあるものについてのみ思考します。しかし、「世界は思考をとおして現われたのであり、いまも思考をとおして現われているのだ」と信じることが、内的な思考を実りあるものにするのです。

科学の領域で、最悪の非実際的な思考の原因となっているのは、世界のなかにある霊的なものに対する不信なのです。例えば、「私たちの惑星系は、まず原初の霧があり、それが回転を始めて、中心の球体になった。その球体から、輪と小さな球が分離した。そのように機械的に、惑星系全体が発生したのだ」と、だれかが言うとします。そのように語る人は、大きな間違いを犯しています。

今日、学校ではつぎのような実験が行なわれています。皿のなかに水を入れ、そこに油を一滴落とします。針で油を掻き回し、全体を回転させます。そうすると、大きな油滴から小さな油滴が分離します。こうして、小さな惑星系が出来上がります。それで教師は、生徒たちに、「純粋に機械的に惑星系が発生するのを一目瞭然に示せた」と、思います。このような実験からそのような結論を導き出すのは、非実際的な思考にのみ可能なことです。この実験の結果を宇宙体系に転用する人は、あることを忘れています。自分が油を掻き回したということを忘れているのです。

もし教師がそこにおらず、彼がその実験をしなければ、最初の油滴が小さな油滴に分かれることは決してなかったでしょう。このことを観察して、惑星系に適用したなら、初めて完全な思考がなされたことになるでしょう。このような思考の誤りが、特に今日「科学」と名づけられているもののなかで、非常に大きな役割を果たしています。これは、通常考えられているよりも、はるかに重要なことです。

本当の思考について語ろうとするなら、「思考は、思考を内包している世界から取り出されるものである」ということを知らねばなりません。水の入っているグラスから飲み水を汲むことができるように、思考の入っている事物からのみ思考を汲み出せるのです。世界は、思考に従って構築されています。ですから人間は、世界から思考を取り出せるのです。そうでなければ、そもそも思考行為は成り立たないでしょう。

ここで語られたことを、感受性をとおして受け入れるなら、抽象的な思考を容易に捨てられるようになるでしょう。「事物の背後に思考が存在しており、生活の現実的な事実は、思考に従って経過している」ということを信じ、感じるなら、現実に基づく思考へと向かうことになります。

実際的な思考の原則

さて、特に人智学（アントロポゾフィー）を自分の基盤とする人々にとって、重要な思考方法について話そうと思います。「思考のなかを現実世界が通過していく」と確信する人は、「正しい思考の形成が重要である」と、洞察するでしょう。

だれかが、「生活のなかで、常に正しく思考できるようになりたい」と、思ったとしましょう。そう思うなら、これから話すことを守らねばなりません。これから話すことは、本当に実際的な原則です。これから話す方向に自分の思考を向けようと繰り返し努力するなら、なんらかの作用が生じます。最初のうちははっきり分からなくても、思考が実際的なものになっていきます。その原則を実行するなら、思考はいままでとはまったく異なった経験をします。

つぎのようなことを試みる人がいるとしましょう。その人は、自分が可能なかぎり正確に観察できる身辺のことがら、例えば天候をきょう入念に観察します。宵《よい》の雲の形、太陽が沈む様子などを観察します。そして、自分が観察したもののイメージを、正確に形成します。彼はそのイメージ、表象を詳細にわたって、しばらくのあいだ保とうと試みます。そのイメージを可能なかぎり保持し、朝まで保とうと試みます。翌日、同じ時間あるいは別の時間に、気候の様子を観察します。そして、ふたたび気候を正確にイメージしようと試みます。

このように、相つぐ気候状態を正確にイメージすると、自分の思考が次第に内的に豊かに、力強いものになっていくのが、はっきりと分かります。思考が非実際的なものになるのは、人間が通常、一連の経過のなかで個々のものを排して、一般的な漠然とした表象しか保たないことに慣れているからです。

思考を実り豊かにし、本質的で価値あるものにするのは、一連の経過のなかで正確なイメージを形成し、「きのうはこうだった。きょうはこうである」と、思うことなのです。その際に、現実の世界のなかでは離れている両方のイメージを、可能なかぎりありありと心魂のまえに呼び出すのです。

これは、現実的な思考を信頼するための特殊な方法です。すぐさま結論を引き出すことはできません。いますぐに、自分が観察したことから、あすの天気を当てることはできません。そのようなことをすれば、思考が腐敗します。むしろ、「外界のなかで事物が関連しており、あすはきょうと関連している」ということを、信頼すべきです。

思弁すべきではありません。時間的に連続するものを、まず可能なかぎり正確な表象映像のかたちで熟考してみます。ついで、それらのイメージを並べて、関連させるのです。本当に事実に即した思考を身につけたいなら、この思考原則を実行しなければなりません。

この原則を、自分がまだ理解していないもの、その内的関連にまだ精通していないものについて実行してみるのはいいことです。例えば気候など、自分がまだ何も理解していない経過を取り上げて、「外界で関連しているものは、私たちのなかでも関連を生み出す」と、信頼すべきなのです。これを、思考を離脱させて、ただイメージで行なうべきなのです。「どんな関連があるのか、私はまだ知らない。しかし私は、その事物を自分のなかで作用させる。そのとき、私が思弁さえしなければ、その事物は私のなかで何かを引き起こす」と、思わなくてはなりません。

できるかぎり思考を排して、一連の経過の正確なイメージを表象すると、人間の不可視の部分に何かが生じるのを、みなさんは感じることができます。

人間は表象のいとなみの担い手として、「アストラル体（感受体）」を持っています。アストラル体は、人間が思弁しているかぎり、「自我」の奴隷です。しかし、アストラル体はこの意識的な活動に編入されずに、宇宙全体とも関係を有しています。

思考が恣意的に活動するのを排し、禁欲的に一連の出来事のイメージのみを表象するようにします。そうすると、宇宙の内的思考が私たちのなかで活動して、私たちのアストラル体に刻印を押します。私たちは、それに気づきません。世界の経過を観察して、世界の歩みに順応し、できるだけ濁りなくイメージを私たちの思考のなかに受け入れるようにしてみます。そして、そのイメージを私たちのなかで作用させると、私たちの無意識の部分が賢明になります。

内的に関連する経過について、新しいイメージをつぎのイメージに結び付けてみます。そのようにしてみると、やがて私たちの思考が柔軟になるのが分かります。

未知のことがらに関して、このように行なうべきなのです。私たちが知っている事物、例えば私たちの周囲で生じている日常生活の経過に対しては、いくらか違ったふうに振る舞うべきです。

事物に即したゲーテ的な思考

例えば、隣の人が何かを行なうとします。隣の人があすの準備を、きょう行なったとしてみましょう。私たちは、その人が行なったことを正確に思い浮かべ、その人があす行なおうとすることについて、イメージしようと試みます。その人があす行なうことを思い浮かべ、その人が実際に行なうのを待ちます。そうすると、私たちが思い描いた通りのことを、その人が実際に行なうことがあります。その人がいくらか別のことを行なうこともありえます。いずれにせよ、私たちは何が起こるかを見て、私たちの思考を改善します。

思考によって未来を推測し、何が生じるかを待ちます。人間の行為その他のことがらについて、そのように行なうことができます。私たちが生じるだろうと思うものについて、イメージを作ります。期待していたことが現われると、私たちの思考は正しかったわけです。私たちが見込んでいたのとは、いくらか異なったことが生じると、どこに間違いがあったのかを私たちは考えます。そして、どこに誤りがあったのか、どうしてそうなったのかを冷静に吟味して、私たちの誤った考えを訂正しようとします。的中した場合、「そうなることは、すでにきのう知っていた」と、自分の「予言」を言い触らしたりしてはいけません。

内的な必然性が、事物や出来事自身のなかにあるという確信、ものごとを前に駆り立てる何かがあるという確信を持つことが大切です。そのなかで、きょうからあすへと働くのは、思考の力です。事物のなかに沈潜すると、私たちはこの思考の力を意識できます。そのような練習によって、私たちは自分の意識のなかで思考の力を発揮させます。私たちが予見したことが実現したなら、私たちは思考の力と一致したわけです。そのとき、私たちは事物の現実的な思考活動と内的に関連しています。恣意的にではなく、「内的な必然性から、事物の本性から思考する」ことに、私たちは慣れていきます。

別の方法でも、私たちは思考実践を訓練できます。きょう生じた出来事は、きのう起こったことと関連しています。例えば、ある少年が無作法だとします。それには、どんな原因があるのでしょう。私たちは出来事を、きょうからきのうへと遡《さかのぼ》り、私たちの知らない原因を推測します。「きょうこれが生じたのは、きのうもしくはおととい、こういうことをとおしてそれが準備されたからだ」と、思うのです。

そして、実際に起こったことを調べることによって、正しく考えたかどうかを認識します。正しい原因を見出すのは、いいことです。間違った表象を抱いたなら、誤りを明らかにして、思考が現実のなかでどのように経過したかを知ろうと試みます。

「私たちの思考が事物のなかにあるという観点から事物を考察する時間を作ること。事物のなか、事物の内なる思考活動のなかに沈潜すること」という基本原則を実行するのが重要です。そうすると、私たちが文字どおり事物と合一するのに、次第に気づきます。私たちはもはや、「事物は外にある。自分は内にあって、事物について思考する」とは感じなくなります。「私たちの思考が事物のなかで動く」と感じるようになります。このことが達成されると、多くのことが明らかになります。

自分の思考を常に事物のなかで活動させることを高度に達成したのがゲーテです。一八二二年に心理学者ヨハン・クリスティアン・アウグスト・ハインロートは著書『人類学要綱』のなかで、「ゲーテの思考は対象的思考であった」と、述べました。ゲーテは、その指摘を喜びました。対象的思考とは、「事物から切り離されない思考」という意味です。思考が事物の内にとどまり、事物の必然性のなかで活動するのです。ゲーテの思考は観照（直観）であり、観照が同時に思考であったのです。

ゲーテはそのような思考を、大いに発展させました。ゲーテが窓のところに行って、そこに居合わせた人に「三時間後に雨が降る」と言うと、実際そうなったことが何度もありました。彼は窓から空の一部を見て、天候がどうなるかを言い当てることができたのです。事物のなかにとどまる忠実な思考が、先行する出来事から後続の事象が準備されるのを感じ取ることを可能にしたのです。

実際的な思考によって、通常思われているよりもずっと多くのことを達成できます。いま述べた思考の基本原則を守ると、本当に思考が実際的になり、視野が広くなります。そして、世界の事物を以前とはまったく別様に把握できることに気づきます。事物に対して、また人間に対して、いままでとはまったく別様に向かい合うようになります。そのような経過が実際に自分のなかに生じ、態度が一変します。思考をとおして事物と合体しようと試みるのは、非常に重要なことです。そのような練習を行なうのは、思考にとって最高に実践的な原則だからです。

正しい時に正しいことを思いつく方法

もうひとつ別の練習があります。それは特に、正しい時に正しいことを思いつかない人が行なうべき練習です。そのような人は、「世界がもたらすもの、事物がもたらすものに、私はいつも没頭する」とは考えないように試みる必要があります。人間が半時間、横になって休憩するとき、たいてい思考を戯れに任せることになります。そうすると、何百、何千という考えが紡ぎ出されます。

あるいは、人生の心配事に関わり合っている人がいるとします。その心配事は意識のなかに忍び込み、その人はその心配事に煩わされます。そうなると、決して正しい時に正しいことを思いつけません。正しい時に正しいことを思いつきたいなら、つぎのように行なわなくてはなりません。

半時間休息できるとき、「自分自身が選んだ対象を、意識のなかに置くことにしよう。以前に体験したこと、例えば二年前に散歩の途中で体験したことについて考えてみよう。当時体験したことを、自分の意志によって思考の対象とし、それについて五分間考えてみよう。その五分間は、他のことは一切考えない。思考の対象を、自分で選ぶのだ」と、思わなくてはなりません。

思考の対象を選択するのは、そんなに困難ではないでしょう。難解なことがらについて思考することに意味があるのではありません。人生によって引きずり込まれた状況から、自分を引き離すことが重要なのです。日常によって巻き込まれた状況から抜け出る必要があるのです。

悩み事以外のことが考えられず、何にも思いつけなくて悩んでいる人は、本を開いて最初に目にした文章について考えてみるといいでしょう。あるいは、「今朝、店に行ったときに目に入ったものについて考えることにして、他のことは考えないようにしよう」と思うのです。そのようにして、普段なら思考の対象とならなかったものを、日常から取り出して思考してみるのです。

このような練習を計画的に繰り返し行なっていると、正しい時に必要なことを思いつくようになります。そして、思考は柔軟なものになります。これは実生活において、人間にとって非常に意味深いことです。

記憶力をよくする方法

別の練習は、記憶に働きかけるのに特に適しています。まずおおまかに、何かの出来事、例えば、きのうの出来事を思い出そうと試みます。通常、人間の記憶力は絶望的な状態です。きのう会った人の名前だけでも思い浮かべば、満足します。しかし記憶を形成しようとするなら、それで満足すべきではありません。

私たちは体系的に、つぎのように推し進めなくてはなりません。「きのう会った人を、完全に正確に思い出そう。町角のどこで出会ったのか。その人のまわりに何があったのかも、正確に思い出そう。そのイメージを正確に思い描こう。どんな上着、どんなチョッキを着ていたか、正確なイメージで表象しよう」と、思わなくてはなりません。

まず、きのう体験したことで、思い出せないものから出発しなくてはなりません。人間の観察というのは、本当に不正確なものです。ある大学教授が実験したのですが、三十人の学生のうち二人だけが、講義を正しく理解していました。あとの学生は、誤って理解していたのです。よい記憶というのは、忠実な観察の落とし子です。記憶力の発展には、まさに正確に観察することが大事なのです。正確な観察をとおして、記憶力はよくなります。正確な記憶は、心魂の回り道をとおって、よい観察の子として生まれるのです。

きのう体験したことを正確に思い出せない場合は、どうすればいいのでしょう。まず、できるかぎり正確に思い出そうと試みます。思い出せないときは、何か違ったもの、全体的なものを思い浮かべようと試みるのです。

自分が会った人が茶色の上着を着ていたか、黒い上着を着ていたか、まったく忘れてしまったとしてみましょう。その場合、その人が茶色の上着を着て、茶色のズボンをはいていたと表象してみます。「その人のチョッキにはこんなボタンが付いていた。ネクタイは黄色だった」と、思い描きます。「壁は黄色だった。その人の左側を小さな人、右側を大きな人が通り過ぎた」などと、思い描きます。

思い出すものを、イメージにしてみるのです。思い出せないものは、想像で補います。そのイメージは最初は本当のものと違っていますが、みなさんが完全なイメージを形成しようと努力することによって、次第に正確に観察できるようになります。このような訓練を続けるのです。

例えば五十回練習して、五十一回目には、出会った人がどんな様子で、どんな服装だったかが、完全に正確に分かるようになります。チョッキのボタンにいたるまで、みなさんは正確にすべてを覚えていることになるでしょう。みなさんは何も見落とすことなく、あらゆるものがみなさんにくっきりとした刻印を押すようになるでしょう。このような練習をとおして、みなさんの観察は鋭くなります。そして、その観察の成果として、みなさんの記憶力がよくなります。

記憶しようとするものの名前や主な特徴だけを保持するのではありません。詳細にわたって、可能なかぎりイメージ的な表象を保とうと試みるのです。思い出せないときは、イメージを補い、全体を構成するように試みます。

そうすると、それが回り道のように見えても、私たちの記憶が次第に確かなものになっていくのが分かります。

こうして、思考がますます実際的になっていくのが分かります。特に重要なのは、「ある目的のために何かを思考するとき、人間はその目的に対する憧憬を持つ」ということです。その目的のために何をなすべきかと思考し、何らかの結果が得られます。これは非常に理解しやすい思考衝動です。しかし、これは実際的な思考に導くものではありません。目的への憧憬に駆り立てられた慌ただしい思考によっては、前進ではなく、後退するのです。思考において、忍耐強くある必要があるのです。

時間を置く

例えば、何かを行なわねばならないとします。「私は、それをこんなふうにも、あんなふうにもできる。さまざまな可能性があるのだ」と、思われます。忍耐強く、このようにすればどうなるかを思い描き、別なふうにすればどうなるかも想像します。どちらを選ぶか、すぐに結論を出すのを控えて、二つの可能性を思い描きます。そして、「ここまでにしよう。もう、このことを考えつづけるのはやめよう」と、思うようにします。

そわそわする人がいます。そうすると、その落ち着きのなさを克服するのは困難です。その性急さを克服して、「これはこうなり、それはああなる。しばらく、そのことを考えないようにしよう」と思うのは、非常に有益です。可能であれば、その行為を翌日まで取っておき、ふたたび、二つの可能性を思い浮かべます。そうすると、その間に、事物が変化したのが分かるでしょう。翌日には、前日の決意とは根本的に異なった決意をすることになるでしょう。事物には内的な必然性があります。忍耐なしに恣意的に行動したりせず、その内的必然性を私たちのなかで活動させると、その内的必然性が翌日には私たちの考えを豊かにします。そして、より正しい決断をすることが可能になります。

何かを決断するに際して、すぐさま決断せずに、忍耐強く、さまざまな可能性を呈示してみます。自分で決断せずに、可能性を活動させてみるのです。「決断するまえに、一晩寝かせろ」という諺《ことわざ》があります。一晩寝かすだけでは、何も起こりません。二つか、できれば数個の可能性を考え、それらの可能性を自分のなかで作用させることが必要です。自分の意識的な自我を一旦他所にやり、後になってから、その事物に戻るのです。このような方法によって、内的な思考力が活発になり、思考は事実に即した実際的なものになります。

工場で働いている人も、いわゆる特権階級の人も、このような練習をとおして、日常的なことがらについて実際的に思考できるようになります。このような練習をすると、世界をまったく別様に把握できるようになります。この練習は内的なものに思われるかもしれませんが、実は外界に対して役立つものです。外界にとって非常に大きな意味を有しており、大きな成果をもたらします。

誤った考え

事物について本当に実際的に考えることがいかに必要かを、例を挙げて示そうと思います。だれかが梯子《はしご》をかけて、木に登ります。そこで何かが起こって、下に落ち、体を打って死にます。「その人は落下して死んだのだ」という考えが、まず浮かぶのではないでしょうか。「落下が原因であり、その結果が死である」と、言います。そのように原因と結果が関連しているように見えます。しかし、そのような考えには、とんでもない錯誤があります。

木の上で心臓麻痺を起こして、その結果、落下したのかもしれません。実際には心臓麻痺が死因なのですが、生きたまま落下するのと同じことが起こります。

このように原因と結果を混同しうるのです。いま挙げたのは変な例ですが、「今日の科学においては、実際の原因と結果を混同するような判断が行なわれている」と、言わなくてはなりません。思考力が欠けているので、原因と結果を正しく把握できないのです。

どのように思考の誤謬が生じるかを明らかにする例を、もうひとつ挙げましょう。

ある学者が、「人間は猿から進化した」と、主張します。「猿のなかにある諸力が完成されて人間になった」と言うのです。

つぎのように仮定してみましょう。その学者がなんらかの事情で、たったひとりで地上に置かれたとします。彼のほかには、猿たちしかいません。それらの猿から人間は発生したというのが、その学者の説です。彼は猿を正確に観察し、猿について詳細な研究をします。その学者は、人間を見たことがありません。そして、猿の概念から人間の概念を作り出そうとします。しかし、彼の「猿」という概念は、決して「人間」という概念に変化していきません。もし、その学者が正しい思考習慣を持っていたなら、「猿という概念から人間という概念は生じない。私が見ている猿は、人間にはならない。私には見ることのできない何かが、付け加わらなくてはならない」と、思うにちがいありません。

この学者は猿の背後に、何か超感覚的なものを見なくてはなりません。自分には知覚できない、人間へと変化しうる超感覚的なものを見なくてはならないのです。

私たちは不可能なことがらに取り組もうとは思いません。その理論の背後にある思考の誤りを示すだけです。もし正しく考えるなら、何か超感覚的なものを前提としない考えは捨て去るように促されることでしょう。事物についてよく考えると、人間が大きな思考の過ちを犯しているのが分かってきます。きょう述べた練習を行なう人は、そのような過ちをもはや犯しません。

本当に正しく思考できる人が、今日の書物、特に自然科学の書物を読まねばならないとしたら、それらの書物に記された、歪んだ、倒錯した思考が、肉体的な苦痛さえ引き起こすことでしょう。こう言ったからといって、客観的な方法によってなされる自然科学の観察すべてに反対しているのではありません。

事物に即して考える

人間は通常、自分の思考が事実に即しておらず、大部分が思考習慣の結果なのだということを知りません。世界と人間生活とを見通す人は、唯物論者のように世界と人間生活を見通さないか、わずかしか見通さない人とは、まったく異なった判断を形成します。

堅実で善良な根拠であっても、その根拠によって、だれかを納得させることは容易ではありません。人間生活をよく知らない人々を説得しようとしても、しばしば無駄に終わります。そのような人々は、ものごとの根拠をまったく洞察しないからです。例えば、物質のみを見ることに慣れている人は、その思考習慣に固着するのです。

今日では、人々の主張を導いているのは根拠ではありません。根拠の背後に、身に付けた思考習慣があり、その思考習慣が感情、感性全体に影響を与えます。そのような人々が根拠を述べるときは、自分の感情と感性のまえに、習慣的思考という仮面を被せています。「願望が思考の父である」というだけではありません。「感情と思考習慣」が「思考の両親」になっているのです。人間生活をよく知っている者は、人が論理的根拠によって納得することがいかに少ないかを知っています。論理的根拠よりもずっと深いものが、心魂のなかで決定権を持っているのです。

しばらくのあいだ人智学（アントロポゾフィー）に関わっていますと、いままでとは異なった思考、感情、感性が身に付いたことに気づきます。活動をとおして、論理的な根拠を見出すだけではなく、包括的な感情と感性を身に付けるからです。

みなさんは二、三年前に、初めて精神科学の講演を聞いたとき、もしかしたら、その内容をひどく嘲《あざけ》ったかもしれません。しかし、しばらく前まではとんでもなく馬鹿げたことに思えたものが、今日では、とても明瞭になったはずです。人智学に関わることによって、単に思考が変化するだけではなく、私たちの心魂全体が広い展望を得るのです。

私たちの思考のニュアンスは、通常思われているよりも、ずっと深いところに由来するということを、明らかにしておかなくてはなりません。他人に意見を押し付けるのは、自分の感情の衝動なのです。しばしば論理的な根拠は飾りでしかなく、感情と思考習慣の仮面でしかないのです。

論理的な根拠によって理解するためには、論理を愛する必要があります。客観性、即事性を学ぶと、論理的な根拠によって決定できるようになります。あれこれの思考への偏愛に左右されずに、客観的に考えることを、次第に学んでいきます。そうして、視野が広くなり、実際的になります。事物から思考することを学ぶのです。

本当の実践は、事実に即した思考の産物、事物から流れ出る思考の産物です。きょう述べた練習を行なうと、私たちはまず事物から刺激を受けることを学びます。この練習を健全な事物、すなわち人類の文化がほとんど関与しない自然の対象物について、行なわなくてはなりません。自然の対象物に対して、きょう述べた練習を行なうと、私たちは実際的に思考する人間になっていきます。「思考」という基本を訓練すると、日常の仕事を実際的に把握できるようになります。きょう述べたように人間の心魂を訓練すると、実際的な思考の方向が形成されます。

本当に実際的な人間として生活できることが、精神科学の成果でなくてはなりません。あれやこれやを真実であると評価することは、そんなに重要ではありません。事物を正しく見通すことが大切なのです。感覚的な事物から抜け出て、霊的なものを理論的に云々することが大事なのではありません。人智学（アントロポゾフィー）が私たちの心魂のなかに入ってきて、私たちの心魂の活動とまなざしが広がることのほうが大切なのです。そうしてこそ、人智学は本当に実践的なものになります。

人智学をとおして人間の思考に動きをもたらすこと、人間が事実に即して思考できるようにすることがその重要な使命です。もし人智学がこのような姿勢を鼓舞するなら、それは文化を築くことになるでしょう。その文化からは、「列車の乗客が車両を内側から動かす」というような考えは、決して現われないでしょう。

心魂は、重要なことがらについて思考することを学ぶと、スプーンについても正しく考えるようになります。そして、スプーンの使い方だけでなく、いろんなことに関して実際的になります。いままでよりも実際的に釘を打ったり、実際的に絵を掛けたりできるようになります。心魂的—精神的な生活を全体として考察し、そのような見方をとおしてすべてを実際的—実践的に形成することには、大きな意味があるのです。

人間の四つの気質

個人と遺伝

「人間の最大の謎は人間自身だ」と、しばしば言われます。自然科学は外的な法則を理解するために、あらゆる自然の経過を観察することによって、目的を達成しようとします。精神科学は、人間の本質を理解し、規定するために、存在の源泉を探求します。一般論として、「人間の最大の謎は人間自身だ」と言えるのですが、具体的な個々人との出会いにおいても、「どの人間も他の人々にとって謎であり、また大抵の場合、自分自身にとっても謎である」と、私たちは感じます。

今回は、一般的な存在の謎には取り組みません。個人個人の出会いそれぞれにおいて生じる謎を取り上げます。人間個人個人の内面は、いかに異なっていることでしょう。「人間の数と同じだけの謎がある」ということは、きょうの講演のテーマである「気質」を考察すれば、よく分かります。人間の「気質」の基本的なタイプのなかに、人々の多様性、差異が見られます。「気質という人間独特の基調のなかに、存在の謎が表現されている」と、言えるでしょう。

この謎が直接的に生活に介入するとき、人間存在の基本的色合いである気質が問題になります。人と人が出会うとき、気質から何かが現われてくるのが感じられます。ですから、「精神科学は気質の本質について大事なことを語るだろう」と、思われます。

同時に、「人間の気質は外的なものに属する」と、感じられます。気質は内面からほとばしり出ると認めざるをえないとしても、外面に現われるもののなかに表現されるからです。しかし、外的な自然考察によっては、人間の謎は解かれません。精神科学が人間について述べていることを知るときにのみ、私たちは人間の気質を解明できるのです。

まず、「人間のなかに遺伝されたものがある」と、私たちは知ります。父母、祖父母などから遺伝された特性を、人間は示します。その特徴は、子孫に遺伝していきます。このように、人間には祖先がおり、自分がある血統に属することによって、特性を有するのです。

しかし、人間が祖先から遺伝されたものは、人間の本性の一面にすぎません。人間が精神世界から携えてきたものが、父母や祖先から与えられたものに付け加わります。世代を通じて流れるものと、前世から現世、現世から来世へと進むものが結び付くのです。一方では、「これは祖先から受け継いだものだ」と言えます。しかし、人間が幼年期から成長していくのを見ると、祖先からは遺伝されていない前世の成果が、いかに人間存在の核から発展するかが分かります。私たちは輪廻の法則、転生の法則を知ります。輪廻転生の法則は、生命の満ち引きを繰り返す世界法則に属するものです。

つぎのように考えてみると、そんなに逆説的には思われないでしょう。生命のない鉱物、例えば水晶を見てみましょう。水晶は規則的な形態を有しています。崩壊するとき、水晶は形態を残しません。形態が他の水晶に移行することはありません。その水晶の形態から、新しい水晶は何も得ません。

鉱物界から植物界に上昇しましょう。そうすると、植物は、鉱物と同じ法則から発生するのではないことが明らかになります。植物は、植物から発生します。形態が保持され、他の植物に移っていきます。

動物界に進みましょう。そうすると、種の進化が行なわれているのが見出されます。十九世紀の最大の成果は、種の進化を発見したことです。ある形態から別の形態が出現するだけではありません。動物の胎児が母の胎内で、祖先たちが経てきた進化段階を繰り返します。動物には、種の進化があるのです。

人間においては、種の進化、属の進化だけがあるのではありません。個人の進化もあります。人間が人生の経過のなかで教育、経験をとおして得たものは失われることがありません。「人間の存在の核は、前世に由来する」と見なす時代が、いずれやってくるでしょう。「人間存在は前世の成果である」と、認識するようになるでしょう。

「生物は泥などの無生物から発生する」という昔の学者たちの意見が克服されたように、輪廻《りんね》思想に対する抵抗は克服されるにちがいありません。三百年前まで、「動物は泥などの無生物から発生する」と、自然科学者は信じていたのです。イタリアの自然科学者フランチェスコ・レディ（一六二六―九七年）が初めて、「生物は生物から発生する」と主張したのです。そのように主張したために、彼は攻撃されました。自然科学的な宇宙観を唱えて火炙《ひあぶ》りにされたイタリアの修道士、ジョルダーノ・ブルーノ（一五四八―一六〇〇年）のような目に遭ったのです。

今日では、もはや火炙りは行なわれません。今日では、「心魂―精神は、心魂―精神に由来する」という新しい真理をもたらす者は、火炙りにはされませんが、愚か者と見なされます。しかし、「人間は一度だけ地上に生きるものだ。祖先から遺伝される特質と結び付く永続的な心魂―精神など存在しない」という考えが否定される時代が、やがてやってくるでしょう。

人間の構成要素と気質

さて、「別世界に由来する精神―心魂が、どのようにして地上の身体と結び付くのか。遺伝された身体的特質を、どのようにして纏《まと》うことができるのか。輪廻していく精神―心魂の流れと、身体的な遺伝の流れが、どのように結び付くのか」という大問題が出てきます。二つの流れが結合することによって、一方の流れが他方の流れを染めます。たがいに染め合うのです。青と黄が一つになって緑になるように、二つの流れが人間のなかで結び付いて、「気質」と言われるものになるのです。そこでは、人間の心魂と遺伝された特質が、たがいに作用を放射しています。その二つの間に気質があります。祖先に結びつくものと、前世から携《たずさ》えてきたものとの中間に、気質があるのです。気質は、永遠のものと無常なものを均等に調整するのです。人間の構成要素が、たがいに一定の関係になることによって、この均衡がもたらされます。

人間は、この二つの流れの合流したものです。私たちは人間を、四つの構成要素からなるものと認識します。第一に、人間が鉱物界と共有する「物質体（肉体）」です。第二の構成要素は、一生のあいだ肉体と結び付いている「エーテル体（生命体）」です。人間が死ぬとき、肉体とエーテル体は分離します。第三の構成要素は「アストラル体（感受体）」です。アストラル体は本能、衝動、情熱、欲望、そして感受と表象すべての担い手です。第四に、人間の最高の構成要素である「自我」の担い手です。この第四の構成要素によって、人間はあらゆる存在を凌駕しています。自我は不思議な方法で、また顕わな方法で、自己意識を生み出します。人間には、この四つの構成要素があるのです。

人間が物質界に歩み入り、二つの流れが人間のなかで合流することによって、四つの構成要素がさまざまに混ざり合います。そして、どれか一つが他の構成要素を支配し、色合いを与えます。

「自我」が他の構成要素を支配すると、胆汁質が現われます。「アストラル体」が他の構成要素を支配すると、多血質の人間になります。「エーテル体」が支配的だと、粘液質になります。「肉体」が支配的だと、憂鬱質になります。永遠のものと無常なものが混ざり合って、構成要素間のさまざまな関係が現われるのです。

四つの構成要素が外的に肉体に現われることは、すでにしばしば述べてきました。自我は血液循環に、物質的に表現されています。ですから、胆汁質の人の場合、肉体のなかで血液系統が主導的です。アストラル体は神経系統に、物質的に表現されています。ですから、多血質の人の場合、神経系統が肉体のなかで主導的になっています。エーテル体は線組織のなかに、物質的に表現されています。ですから粘液質の人においては、肉体のなかで線組織が主導的です。肉体は、肉体そのもののなかに物質的に表現されています。ですから憂鬱質の人の場合、肉体が外的に主導的になっています。

四つの気質

胆汁質の人においては、血液系統が支配的です。ですから胆汁質の人は、どんなことがあっても自分の自我を押し通そうとします。胆汁質の人の攻撃性、意志の強さに関するものは、すべて血液循環に由来します。神経系統とアストラル体（感受体）のなかには、波打つ感性と感情があります。それらが自我によって抑制されて初めて、調和と秩序が現われます。自我によって支配されないと、感性と感情は抑制されずに波立つことでしょう。そうなれば、人間は感性と感情の波に振り回されて、イメージからイメージへ、表象から表象へと移り行くことでしょう。

打ち寄せるイメージ・感受・表象に没頭する多血質の人の場合、アストラル体と神経系統が支配的になっています。人間の血液循環は、神経のいとなみの調教師です。もし貧血、そして発育期の少女の貧血症である萎黄病《いおうびょう》の場合、神経のいとなみの調教師がいないと、何が起こるでしょうか。そうするとイメージが、手綱が緩《ゆる》んだように放縦に打ち寄せ、幻想・幻覚が現われます。多血質の人には、むら気が見られます。多血質の人はひとつの印象にとどまることができません。ひとつのイメージにとどまること、ひとつの印象に興味をもってとどまることができません。印象から印象へ、知覚から知覚へと急ぎます。そのようなありかたが、多血質の子どもによく見られます。それで、大人は心配します。すぐに興味を抱き、イメージが容易に作用して、すぐさま印象を受けるのですが、その印象はすぐに消え去ってしまいます。

つぎに、粘液質に移りましょう。人間の内面で成長と生命の経過を調整するエーテル体（生命体）が支配的になると、粘液質が発生します。それは、内的な気持ちよさに表現されます。人間はエーテル体のなかに生きれば生きるほど、ますます自分自身に関わり、他のことはなるがままに任せるようになります。自分の内面に関わっているのです。

憂鬱質の人の場合は、人間存在のなかで最も濃密な構成要素である肉体が、他の構成要素の支配者になっています。この最も濃密な部分である肉体が支配的になると、自分自身が支配者ではなく、「自分は肉体を、思うように取り扱えない」と感じます。肉体は、人間が高次の構成要素をとおして支配すべき道具です。しかし、いまや肉体が支配的になり、他の構成要素に抵抗します。それを人間は、苦痛・不快・陰鬱な気分として感じます。常に、苦痛が湧き上がってきます。肉体がエーテル体の内的なくつろぎ、アストラル体の内的な動き、自我の確固とした目標に抵抗しているので、陰鬱な気分が発生するのです。

四つの構成要素の混合は、外的なイメージのなかに明瞭に現われます。自我が支配的だと、人間はあらゆる外的な抵抗を突き破って、表舞台に出ようとします。自我が他の構成要素の成長を抑圧し、アストラル体とエーテル体に権利を行使させません。純粋に外的にも、それは現われます。

例えば、ドイツの胆汁質の哲学者フィヒテは、外的にも胆汁質であることが分かります。彼の容姿には、他の構成要素が押さえつけられていることが、はっきりと示されています。あるいは、古典的な胆汁質の例はナポレオンです。自我が他の構成要素を押さえ付けたので、彼はあんなに背が低かったのです。もちろん、「胆汁質の人は背が低く、多血質の人は背が高い」と主張することが大事なのではありません。私たちは人の姿形を、別の人と比較するのではなく、その人自身の発育過程において考察すべきです。

多血質の人の場合、神経系統、アストラル体が支配的です。多血質の人のアストラル体は、活発に手足に働きかけます。外的な姿形も、可能なかぎり可動的なものになります。胆汁質の人は、彫りの深い目鼻立ちをしており、多血質の人は表情豊かな、動きのある面立ちをしています。のみならず、すらりとした姿形、骨格のなかに、アストラル体の内的な動きが見られます。例えば、ほっそりした筋肉に、アストラル体の動きが表現されています。アストラル体の動きが、身体にも現われるのです。

透視者でなくても、だれが多血質か胆汁質かを、歩き方から見抜くことができます。精神科学者である必要はありません。胆汁質の人は一足ごとに、ただ地面に触れるだけでなく、足を地面のなかにめりこませるかのように歩きます。多血質の人の場合は反対に、跳びはねるような歩き方です。

精妙な特徴も、外的な姿形のなかに見出すことができます。自我の本性の内面性、胆汁質の閉じられた内面性は、黒い目に現われています。自我の本性がそんなに深く根付いておらず、アストラル体が動きをともなって注ぎ出ている多血質の人は、圧倒的に青い目をしています。このように、気質を外的に示す多くの特徴を挙げることができるでしょう。

粘液質は動きのない、無関心な人相、豊満な身体、特に脂肪に現われています。そのような姿を、エーテル体が作り上げるからです。その姿に、粘液質の人のくつろぎが現われています。粘液質の人はだらだら、ぶらぶら、ゆらゆらと歩きます。整然と規律正しく振る舞うことができず、事物と関係を持てません。

憂鬱質の人は、たいてい頭を前に垂れていて、首をしゃんとする力が出てきません。目は陰鬱です。胆汁質の人のような、黒い目の輝きはありません。歩き方はしっかりしていますが、胆汁質の人のように力強い歩みではなく、ひきずるような確かさです。

気質の意味

精神科学は、このように謎の解明に寄与します。精神的なものも含めた現実全体に向かい合い、感覚的な現実だけにとどまらないようにしてみましょう。そうすると、認識から生活実践が生じます。精神科学からこのような認識が流れ出し、人類全体と個々人の癒《いや》しとなるのです。

教育においては、気質について非常に正確に考えなくてはなりません。子どもの場合、発展しつつある気質を導くことが特に重要だからです。しかし大人にとっても、自己教育において気質は重要です。自己を教育しようとする人にとって、自分の気質に注意するのは価値あることです。

ここでは気質の基本的タイプを話しました。人生においては、このように純粋なかたちで表に現われることはありません。どの人も、一つの気質を基調として有し、他の気質をかたわらに有します。例えば、ナポレオンは胆汁質でしたが、粘液質を多分に持っていました。

生活を実際的に指揮するには、典型的なものを心魂に作用させることが大切です。気質の差異がなくなり、みんなが均一的な気質になったら、どうでしょう。人々がすべて同じ気質をしている、気質の差異のない世界とは、どんなものでしょう。それは、考えうるかぎり最も退屈な世界です。道徳的な意味だけでなく、もっと高次の意味で、気質の差異のない世界は退屈です。多様性・美しさ・生活の豊かさは、種々の気質があることによって可能なのです。

教育においては、気質を均一にし、同水準にすることが問題なのではありません。気質を正しい軌道に乗せることが大事なのです。

しかし、どの気質にも、堕落する危険が多かれ少なかれ存在します。

胆汁質の人の場合、青年期に自分を抑制できずに、怒り狂って自分の自我を刻み付けるという危険があります。これは小さな危険です。大きな危険は、自分の自我から何か一つの目的を追求しようとする愚行です。多血質の人の場合は、気まぐれになるのが小さな危険です。大きな危険は、感性の波が打ち寄せ、狂気になることです。粘液質の小さな危険は、外界に対する無関心です。大きな危険は、愚鈍、白痴になることです。憂鬱質の小さな危険は、暗い気分であり、自分の内面に立ちのぼる暗い気分を乗り越えられないことです。大きな危険は、狂気です。

このことから、気質を指導するのが生活実践の重要な課題であることが分かるでしょう。気質を導くためには、その人に存在しない気質ではなく、その人が有する気質を計算に入れるという基本を守る必要があります。

気質別の対処法

ある子どもが多血質だったら、興味を押さえ付けることによって成長を助けることはできません。多血質以外のものをたたき込むことはできません。「この子には何が欠けているか。この子に何をたたき込むべきか」と問うべきではありません。「多血質の子どもは原則として、何を有しているか」と問い、それを考えに入れなくてはなりません。原則的に一つの興味がいつも刺激されるのを、私たちは見出すでしょう。子どもがまだ気まぐれであっても、だれか一人への興味があるはずです。

立派な人物がいるか、あるいは、子どもを立派な人物と一緒にいさせると、その人への興味が現われます。だれかへの愛という回り道をしてのみ、長続きする興味が多血質の子どもに現われるのです。他の気質の子どもにも増して、多血質の子どもにはだれかへの愛が必要です。愛が多血質の子どもに愛を目覚めさせるために、あらゆることを行なわなくてはなりません。愛が魔法の力なのです。子どもが深い関心を抱く、さまざまなものを子どもの周囲にもたらさなくてはなりません。それらのものを、多血質の子どもに作用させねばなりません。そして、それを取り上げて、子どもがふたたび欲しがるようにさせます。そして、あらためて与えるのです。多血質的な作用を試みてみるのです。

胆汁質の子どもの場合も、回り道をして発展を導きます。確かな導きとなるのは、権威を尊重することです。多血質の子どもの場合のように、個人の特性を愛することが大切なのではありません。胆汁質の子どもは、「先生はものごとを理解している」と、いつも信頼していることが大事です。教師は子どもに勝《まさ》るために、ものごとを詳しく知っていることを示す必要があります。弱点を見せてはなりません。子どもは、「先生は有能だ」と、いつも信頼できなくてはなりません。そうでないと、すぐに遊んでしまいます。ある個人への愛が、多血質の子どもに魔法の力を発揮します。個人の価値を尊敬することが、胆汁質の子どもに魔法の力を発揮しなくてはなりません。胆汁質の子どもには、抵抗となるものごとを人生の途上に置くようにしなくてはなりません。抵抗、困難が途上に置かれていなくてはなりません。胆汁質の子どもには、人生が安易でないようにしなくてはなりません。

憂鬱質の子どもを導くのは容易ではありません。しかし、魔法のような手段があります。多血質の子どもにとっては人への愛、胆汁質の子どもにとっては教師の価値に対する尊敬が魔法のような力を発揮しました。憂鬱質の子どもの場合、教師は人生の試練を通過した人物であり、試練を経た人生から行動し、語る人物であることが大切です。「先生は本当に苦痛を耐え抜いたんだ」と、子どもが感じなくてはなりません。あらゆる人生のことがらにおいて、子どもが教師の運命に気づくようにさせます。そばにいる人の運命を共に感じることが、憂鬱質の子どもに教育的に作用します。

憂鬱質の子どもの場合も、子どもが持っているものを計算に入れなくてはなりません。憂鬱質の子どもは、「苦痛能力」、「不快能力」を持っています。それらが憂鬱質の子どものなかにあります。それらを追い出すことはできません。しかし、方向を変えることはできます。外的な生活のなかで適切な苦痛、適切な苦悩を体験させます。苦痛を体験できるということを知らせるのです。苦痛をなくすと、暗い気分が硬化し、内面の苦痛が硬化します。生活のなかで苦痛を体験できるということを、憂鬱質の子どもは知るべきなのです。あまりやりすぎてはいけないのですが、外的なものごとによって痛みを引き起こすと、方向が変えられます。

粘液質の子どもは、一人で成長させてはいけません。他の気質の子どもにとってもいいことなのですが、特に粘液質の子どもにとっては、遊び友だちがいることが大事です。遊び友だちがおり、さまざまな興味を持つことが必要です。他の人々の、できるかぎり数多い興味を共に体験することによって、粘液質の子どもは教育されます。周囲にあるものに対して無関心な場合、遊び友だちや仲間の興味が作用すると、粘液質の子どもの興味が目覚めます。

憂鬱質の子どもにとっては、他人の運命を体験することが大事です。粘液質の子どもにとっては、遊び仲間の興味を共にする体験が大事です。ものごと自体が粘液質の子どもに作用することはありません。他の人がものごとに対して抱く興味が、粘液質の子どもの心魂に作用するのです。粘液質的なありかたがふさわしい対象物、出来事を粘液質の子どもの近くにもたらすことが、特に必要です。粘液質的になってもよい対象物によって、粘液質を導くのです。

自己教育

このように教育原則において、いかに精神科学が人生の実際的な問いに寄与するかが分かります。自己教育にも着手できます。例えば多血質の人が、「僕は多血質だ。多血質をやめなくてはいけない」と思うことによって、目的に達することはありません。

悟性によって気質を克服しようとすることは、しばしば妨げになります。ここでは、悟性は最も弱い心魂の力なのです。気質のような力強い心魂の力に対して、悟性は直接的にはごくわずかのことしかできず、間接的に作用できるだけです。自分の多血質を計算に入れねばなりません。自己訓告は実りをもたらしません。適切な場面で多血質を示すことが大事なのです。多血質的に関心が移り変わるのがふさわしい情況を、自分で作り出すことができます。短期のみの関係がふさわしい情況を、小さなかたちであっても作り出すと、成果が上がるでしょう。

胆汁質の人は、自分の障害となる情況に遭遇するのがいいのです。怒ってもなんにもならない情況、怒っているうちに自分の矛盾に気づくような情況に出会うようにするのです。憂鬱質の人は、人生の苦痛と苦悩を見過ごしてはなりません。世界の苦痛と苦悩を探し出し、同情して苦しむことによって、苦痛を正しい対象と出来事に向けるのです。なにごとにも興味を持たない粘液質の人は、本当におもしろくない対象にできるだけ関わるようにします。退屈なことに携わって、徹底的に退屈するのがいいのです。そうすると、粘液質が根本的に癒《いや》されます。このように、自分にない気質ではなく、自分の有する気質を計算に入れるのです。

このような人生の知恵を身に付けると、人生の謎を解くことができるでしょう。抽象的な表象と概念によって、人生の謎が解かれるのではありません。人間の謎は、イメージによって解かれるのです。個々の謎は、抽象的な表象と概念によって解かれるのではありません。個々人を直接理解するように、人に向かい合わねばなりません。

それができるためには、心魂の基底に何があるのかを知っておく必要があります。精神科学は、ゆっくりと私たちの心魂全体に注ぎ込まれるものです。心魂は大きな事象だけでなく、細かな個々の事柄も感じられるようになります。

このような生の知恵をとおして、私たちは社会の基盤を築きます。それは、あらゆる瞬間に謎を解くことです。説教や警告やモラルによって人智学（アントロポゾフィー）は作用するのではありません。人間が人間を認識できる社会の基盤を築くことをとおして、人智学は作用するのです。精神科学は人生の基盤です。愛は精神科学によって励まされた人生の花であり、果実です。ですから、「精神科学は最も美しい人間の使命、つまり本当の人間愛のための基盤を作る」と、言えるのです。

心身を元気にする七つの方法

神経質のさまざま

私たちがすでに知っていることで、各人に役立つことを取り上げて、いくつかの示唆を与えたいと思います。その際、「人間の本質」および「人間と世界の関係」に関連させて、お話しするつもりです。

公開講演で語られる「精神科学」に対する反論や異論がさまざまな門外漢から発せられるのを、人智学者は頻繁に体験します。精神科学が人間の本質を四つの構成要素、すなわち「肉体」「エーテル体（生命体）」「アストラル体（感受体）」「自我」として語ることに、学者や半可通の人たちは繰り返し反論します。疑いを持つ人たちは、「心魂の深みの力を発展させる者には、人間の構成要素を見ることが可能かもしれない。だが、そういう構成要素を見ることができない者には、そんな意見に与する理由がない」と、反論するでしょう。

しかし注意深い人なら、精神科学のさまざまな認識を生活のなかで確認することができるのみならず、「精神科学から学びうることを、生活に応用すると非常に有益だ」ということが、分かります。精神科学から学べることを生活に応用すると、透視的な探究の結果に同意しなくても、次第に確信が得られます。

現在、多くの人々が「神経質」という恐ろしい言葉で表わされる状態に悩んでいることは、よく知られています。「今日では、なんらかの意味で神経質でない人は、一人もいない」と語られるのを、だれも不思議には思いません。そのように語られるのを、私たちは理解できます。「神経質は社会的関係、社会的状況に起因する」と言うことができますが、そのような社会的状況なしにも、神経質という状態は存在し、さまざまな現われ方をします。

最も軽度の神経質では、心理的に落ち着きがなくなるというかたちで現われます。一つの思考を整然と保持できず、首尾一貫して考え抜けずに、ある思考から別の思考へと飛躍する人です。そのような人を一つの考えに集中させようとしても、すでに他の思考に移ってしまっています。心魂のいとなみの慌《あわ》ただしさは、しばしば軽度の神経質なのです。

別の種類の神経質では、「自分自身をどうしていいのか分からない」状態になります。決心するべきときに、決心に踏み切れず、何をすべきか分からないのです。

それは容易ならざる状態に進んで、次第に、肉体的な原因のない、さまざまの病状として現われることがあります。しかし、その病状は肉体器官の病気を偽造するので、例えば重症の胃痛だと思い込むことがあります。実際は、「神経質」という言葉で総括されるものに苦しんでいるにすぎないのです。その病状においては、肉体器官が原因の病気と同じように、病人は苦しみます。

他の病状を、まだたくさん挙げることができるでしょう。みなさんのなかにも、苦しんでいる人がいるかもしれませんし、まわりにそのような病気の人がいるのではないでしょうか。他の領域にそれて、「政治的アルコール中毒」について語る必要はないでしょう。軽度のアルコール中毒患者のような、神経質な振る舞いを公の場でする人々のことが、近ごろ、巷の話題になりました。人々は神経質的な症状にすぐ気づくだけでなく、神経質を本当に不快なものと感じているのです。いたるところに、このような神経質が見られます。

いま述べたことは、将来改善されずに、ますますひどくなるでしょう。人間がいまのままにとどまれば、未来によい展望はまったく開けません。現在の生活に著しい影響を与える、さまざまな害があるからです。それらの害は、流行病のように、人から人へとうつっていきます。神経的にいくらか病的な人にだけではなく、単に虚弱なだけでその他は健康な人にも感染していきます。

非常に有害なのは、公的生活で傑出した地位に立つ人々が、現在の学問の方法で研究をしていることです。例えば、大学には多くの学部があり、教授たちが思考と研究以外のことに、一年中かなり駆り立てられています。学生が試験のために知らなくてはならないことを、二、三週間で習得させます。つまり、最も必要なものを詰め込むのです。そのような詰め込みが最悪なのです。小学校でも詰め込み教育が行なわれるようになると、その害は想像を絶するものになるでしょう。詰め込み教育の本質は、心魂つまり存在の最奥の核と、詰め込まれるものとの結び付きが、まったくないことです。心魂は詰め込まれる内容に、関心を持てないからです。学校の生徒たちは、「覚えたものを、すぐに忘れられたらいいなあ」と言っている始末です。

習得したものをしっかりと自分のものにしたい、という気持ちがないのです。人間の心魂と自分が習得するものとのあいだに、興味の絆がわずかしかないのです。

その結果、活動的に公的生活に関わることができなくなります。詰め込まれたものが、自分の職業の課題と内的に結び付かないからです。心魂が、頭の活動から遠く離れているのです。

人間にとって、頭の活動と心魂が遠く離れていること以上に悪いことは、他にありません。繊細で敏感な人だけが混乱するのではなく、まさに人間のエーテル体（生命体）の力、エネルギーそのものに影響が及ぶのです。人間の心魂と人間の活動との結び付きが少ないと、エーテル体は弱くなっていきます。興味のないものに従事すると、エーテル体は弱くなっていくのです。

健全な方法で人智学（アントロポゾフィー）を身に付けるには、単に「人間は肉体、エーテル体などから成り立っている」と学習するだけではいけません。人智学は、それらの構成要素のそれぞれが健全な方法で、人間のなかで力強く発展するように働きかける作用もするのでなくてはなりません。

①もの忘れを直す方法

非常に簡単な試みでも、勤勉に繰り返すと、小さなものが奇跡を呼び起こします。きょうは小さなことがらについて話すことを、お許しいただきたいと思います。しかし、きょうお話しする小さなことがらは、人間の生活にとって非常に意味深いものになりうるのです。

私がいま述べたことは、しばしば起こる軽度のもの忘れに密接に関連しています。軽度のもの忘れは、生活のなかで不愉快なものです。このもの忘れが健康に害があることを、人智学（アントロポゾフィー）は私たちに示しています。「人間がもの忘れをすることが少なくなると、多くの病気の発生は避けられる」と言うと、奇妙に聞こえるでしょうが、本当のことなのです。「人間は忘れやすいものだ。一度もものの忘れをしたことがない、と言える人がいるのか。それは人生を一瞥すれば、容易に明らかになることだ」と、みなさんはおっしゃるかもしれません。

つぎのような、よく起こる例を取り上げてみましょう。必要なものをどこに置いたか忘れてしまって、分からなくなったという例です。こういうことは、日常よく起こります。鉛筆をどうしても見つけられない人がいますし、昨夜どこかに置いたカフスボタンを見つけられない人もいます。このようなことを語るのは、奇妙で平凡に思われるでしょうが、このようなことが生活では起こります。

このようなもの忘れを次第に改善していくよい方法を、人智学は示唆します。非常に簡単な方法です。

ある婦人が夜、ブローチをどこかに置いたとしましょう。あるいは、ある紳士がカフスボタンをどこかに置いて、翌朝どうしても見つけられなくなったとしてみましょう。「いつも同じ場所に置く習慣を付ければよい」と、みなさんはおっしゃるでしょう。あらゆるものについてそのように実行はできませんが、そのことは、いまは触れないでおきましょう。もっと有効な治療法について、お話しいたします。

自分がもの忘れをすることに気づいた人が、もの忘れを治すためには、まず「必要なものを、私はいろいろな場所に置くことにしよう」と思うのです。そして、「私はそれを、ここに置いた。その周囲の様子や形や色をイメージして覚えておくように努めよう」と考えながら、そのものを置くのです。

安全ピンをテーブルの角に置くとします。「私はこのピンを、この角に置く。そして、ピンが置かれたテーブルの角を、イメージとして心に刻印づけよう」と考えながら、ピンを置きます。そうして、落ち着いて立ち去ります。一度行なっただけでは、すべてのものをすぐに見つけられるようにはならないでしょう。しかし、そのように考えながらものを置くことを、習慣のようにしばしば行なうなら、もの忘れは次第になくなっていきます。

「私はピンをここに置く」としっかり考えて、自我を自分の行ないと結び付け、さらにイメージを付け加えます。思考における明瞭なイメージ、自分の行ないのイメージ表象、自分の行為を、自分の精神的―心魂的な核、つまり自我と結び付けるのです。そうすると、私たちの記憶力は根本的に鋭くなります。

このようにして、もの忘れが少なくなり、生活に役立つのです。一度にたくさん行なう必要はないでしょうが、こうして多くのことが達成できます。

ものを置くときに、このように思考する習慣が付くと、それだけでエーテル体（生命体）の力が呼び出されます。このような習慣をとおして、人間のエーテル体はますます強化されていきます。私たちは人智学（アントロポゾフィー）をとおして、「エーテル体はある意味で記憶の担い手である」と、学びました。記憶力が強まることを行なうと、記憶力の強化が私たちのエーテル体にとって有益であることが、すぐに理解できます。人智学者である私たちは、そのことに驚く必要はありません。

この方法を、忘れっぽい人にだけではなく、神経質の症状を示している人にも勧めてみることにしましょう。落ち着きのない神経質な人に、ものを置くときに、いま話したように考えてみる訓練を忠告するのです。そうすると、その人はまじめに訓練することによって、もの忘れが少なくなるだけでなく、エーテル体が強化されたことによって、次第に神経質を克服できるようになっていきます。

こうして、「人智学がエーテル体について語ることは正しい」ということが、生活から証明されます。適切な方法でエーテル体に働きかけると、エーテル体が力を得るのが分かります。このような成果が達成されると、エーテル体について述べたことが是認されます。

②別の字体で書く

別のことがらに移りましょう。これもささいなことに思われますが、非常に重要なことです。人間の本質のなかで、肉体とエーテル体（生命体）が直接結び付いていることを、みなさんはご存じです。エーテル体は直接、肉体のなかに入り込んでいます。つまり、エーテル体と肉体は内密に浸透しあっているのです。

みなさんは、郵便局の窓口に座っている職員や、ものをたくさん書く人々をご覧になったことがあるでしょう。彼らは実際に文字を書くまえに、「助走」のように空気中でペンを動かすという、独特の動きをよくします。彼らの職業において、そのようにすることは、すでに悪い状態への兆候を示しています。彼らの手は、一筆ごとに痙攣するのです。とぎれとぎれに、痙攣しながら書いているのです。

このような状態は、精神科学の認識から、つぎのように把握できます。健康な人間の場合、アストラル体（感受体）に支配されるエーテル体が、肉体を把握する能力を有します。肉体は、そのあらゆる動きにおいて、エーテル体に仕える道具です。もし肉体が、心魂が欲すること、エーテル体とアストラル体が欲することを越えて勝手に動けば、不健康な状態になります。つまり、肉体がエーテル体に対して優位を占めることになります。

いま述べた状態にある人は、エーテル体が弱っていて、肉体をもはや完全には支配できなくなっているのです。このようなエーテル体と肉体の関係が、精神科学から見ると、あらゆる痙攣状態の根底にあるのです。それは、エーテル体が肉体に対して、本来よりもわずかしか支配力を行使していないことに関連しているのです。そのために、肉体が支配的になり、自分勝手にさまざまな行動をします。構成要素が健全な人間の場合は、肉体の動きはエーテル体とアストラル体の意志に従うのです。

このような状態が進行した人を助ける手段があります。ただ、精神的な領域を考慮しなくてはなりません。エーテル体を強化しなくてはならないということを、考えに入れなくてはなりません。エーテル体が存在するということを信じて、エーテル体の能力を強化しなくてはなりません。

文字を書くまえに、絶えず指をぴくぴく動かすほどに重症になった人がいるとしてみましょう。「休暇を取って、しばらく書かないでいたまえ。そうすれば、よくなるだろう」と忠告するのがよい、と思われています。しかし、この忠告は半分しか的《まと》を射ていません。

つぎのような忠告を付け加えると、ずっと多くのことが達成されるからです。「一日十五分か三十分で充分だから、消耗しない程度に、自分の筆跡を変えて、別の書体で書いてみるようにしてごらんなさい。いままでのように機械的に書くのではなく、気を付けて文字を形作ってみなさい。例えば、いままでの筆跡とは異なる、まったく別の書体の〈F〉を、注意を払って書いてみなさい。文字を入念に書くようにしてごらんなさい」。

精神科学の認識がもっと広まれば、その職員が休暇から戻ってきたときに、別の書体になっていたとしても、「気でも狂ったのかい。ぜんぜん別の書体になったじゃないか」と、雇用者が言うことはなくなるでしょう。人智学（アントロポゾフィー）的な上司は、それが本質的な治療手段であることを洞察するでしょう。

書体を変えるとき、人間は注意を自分の行為に向けざるをえません。自分の行ないに注意を向けることは、自分の存在の最奥の核を、自分の行為と密接に関係させることを意味します。

私たちの存在の最奥の核を、私たちの行為と結び付けるものはすべて、私たちのエーテル体を強め、私たちを健康にしていきます。

青少年のエーテル体の強化を学校で目指すのは、愚かなことではありません。人智学（アントロポゾフィー）は、まだ当分のあいだは学校で実行されないことを、提案しつづけなければなりません。人智学は、教育を指導する権威筋からは、これからもまだ長い間、気の狂《ふ》れたものと見なされるでしょう。しかし、それはなんでもありません。

子どもに書き方を教えるとき、まずある書体を教え、その書体で二、三年書いたあと、別の書体に変えさせてみます。そうすると、そのように書体を変えることによって、注意力が強められ、エーテル体に大きな影響を与えます。そうして、その子どもは後年、神経質になることが少なくなります。

このように、生活のなかで自分のエーテル体を強めることが可能なのです。これは非常に重要なことです。というのは、エーテル体の虚弱さが現代の無数の不健康を引き起こしているからです。その上、医者にはなすすべのない、ある種の病気は、エーテル体が強いときと、エーテル体が弱いときとでは、まったく別の経過をたどります。エーテル体が弱いというのが、まさに現代人の特徴です。

以上、エーテル体への働きかけについて示唆しました。エーテル体を強めるために、私たちは一種の訓練を行ないます。存在しないものに働きかけることはできません。エーテル体に対する訓練が有益であり、その訓練が効果をもたらすことが証明できると、エーテル体の存在を示したことになります。生活のいたるところで、人智学の教えが証明されるのです。

③逆向きに思考する

記憶力をよくする、さらに別のことを行なうと、私たちのエーテル体（生命体）は本質的に強まります。それは別の場ですでに触れたことですが、ここで繰り返したいと思います。神経質が関与するあらゆる病気にとって、この忠告は役立つからです。

思考のなかで、事物について、通常の経過の順ではなく、逆向きにたどってみると、エーテル体の強化につながります。例えば学校で、さまざまな出来事の年代を学ぶとします。それらの出来事を、起こった順にではなく逆の順で、新しい事件から古い事件へと学ぶと非常によいのです。これは大変重要なことです。そのように行なうと、私たちはエーテル体を非常に強めます。読書したドラマ全体を逆の順序で、結末から発端へと考えてみるのは、エーテル体を強める重要な手段なのです。

いままで述べた、エーテル体の強化にとって有益なことは、今日の生活においてほとんど行なわれていません。そのような訓練を行なうのに必要な内的な安らぎが、慌ただしい現代の日々の活動のなかには充分にはないからです。仕事をしている人は、夜は疲れ切っていて、ものをどこに置いたかを考えることがありません。

しかし、精神科学を心魂のなかに本当に受け入れると、毎日行なっていることの非常に多くを節減できることが分かります。エーテル体を強める訓練を行なう時間は、だれにでも作れるのです。教育の分野で、このようなことを慎重に行なうと、非常に有益な成果が上がることに、間もなく気づくでしょう。

④自分の行為を観察する

ささいなことにも触れておきましょう。年を取ってからではあまり有益ではありませんが、それでも若いころに行なっていなかった場合、年を取ってから行なってもいいことがあります。それは、自分が行なうことを、同時に眺めてみることです。自分が書いている字を眺めるのは、比較的容易でしょう。自分の書いた文字ひとつひとつに目をやると、多くの人が汚い字を書くのに慣れているのが分かるはずです。字を書くときに、自分が行なっていることを同時に眺めるのは、比較的容易にできます。

長く続けるべきではありませんが、つぎのような訓練もよいものです。自分がどのように歩くか、どのように手を動かすか、どのように頭を動かすか、どのように笑うかなどを眺めるようにしてみるのです。自分の身振りについて、イメージを形成するよう試みるのです。自分がどのように歩くかを知っている人は、ごくわずかです。自分が歩いているとき、人の目にはどのように映っているかを思い描く人はわずかです。自分の行ないについてイメージする訓練をしてみるのは、よいことなのです。しかし、これはいつまでも続けるべきではありません。いつまでも続けると、とても自惚れるようになっていきます。

このような訓練を生活に適応すると、エーテル体の強化に非常に有益な作用を及ぼしますし、アストラル体（感受体）によるエーテル体の支配にも有益な影響を及ぼします。自分の身振りを観察し、自分の行ないを眺めて、自分の行為を思い描くのです。そうすると、エーテル体に対するアストラル体の支配が強まります。こうして、なんらかの行為、動きを恣意《しい》に任せないようにしたり、自分の習慣とは別のことを行なうのに成功します。

自分が行なうことを、場合によっては別様にも行なえるのは、人間に達成可能な、最も大事なことのひとつです。筆跡変更のための学校を作るべきなのではありません。今日、別の筆跡を習得する人は、サインを偽造するなどの目的を持っているからです。そんな、よからぬ目的なしに、別の筆跡を身につけるのは、エーテル体を強めるためにいいことです。自分が行なうべきさまざまな活動を、別様にも行なえる能力を身に付けるのはよいことです。ものごとをひとつの方法でのみ行なうべきだ、と指示する必要はないのです。

「左手も右手も同様に使えるべきだ」と、狂信的になる必要はありませんが、いつもは右手で行なっていることを左手でも行なってみるようにします。そうすると、エーテル体に対するアストラル体の支配に有益な影響を及ぼせます。このように、精神科学の洞察をとおして人間を強化することができます。これは、精神科学の流布をとおして、私たちの文化にもたらされるべきもののひとつです。

⑤意志を強くする方法

意志の育成と名づけうるものが、大変重要です。今日の人間はしばしば、自分が行ないたいと望んでいることを、どのようにすれば本当に行なえるのかが分からないという、神経質的な状態にあります。人々は、自分が企てたことを実行するのに怯《ひる》み、実現にいたれません。

意志が弱いのは、アストラル体（感受体）に対する自我の支配力が弱いからです。何かを欲しながら、すぐに放棄したり、欲したことを実行しないという意志が弱い状態に陥るのは、アストラル体に対する自我の支配が不十分だからです。多くの人が、自分が欲すべきことを真剣に欲することができないでいます。

意志を強める、簡単な方法があります。それは、望みを抑えて、実行しないことです。もちろん、望みを実行しないことが害をもたらさない場合に、そうするのです。

生活を点検すると、朝から晩まで、実現するとよい望みが無数にあります。しかし、実現を断念しても自他の害にはならないし、義務に背くことのない望みも、無数に見出されます。望みを満足させれば喜びがもたらされます。しかし、望みが満たされないままでいるのも、とてもよいことがあるのです。

さまざまな望みのなかに、「この望みは、いまは満たされるべきではない」と言えるものを見出して、その望みを抑制してみます。すると、その望みの抑制が意志の強化、アストラル体に対する自我の支配の強化によい影響を与えます。行なわなくても害にはならないものを、断念してみるのです。私たちが後年になって、そのような自己教育に取り組むと、現在の青少年教育が怠っているものを取り戻すことができます。

いま述べたことを教育的に行なうのは、本当は困難です。教師が生徒の望みを満足させるべきときに、その望みを拒むと、生徒の反感を呼び起こすからです。それは教育的には悪いことです。「生徒の反感を呼び起こすなら、生徒の望みを適えないのはよくない」と、言えるかもしれません。

父親が子どもに、「だめ。君にはあげられない」と言って教育するなら、望みの断念によって、よい効果が達成できるよりも、父親に対する反感を子どもに持たせる結果になります。「それなら、どうすればいいのか」と、問われるかもしれません。

非常に簡単な方法があります。子どもの望みを拒むのではありません。大人が何かを断念するのを、子どもが気づくようにするのです。七歳まで、そしてそれ以降も、強い模倣衝動があります。子どもがいるところで、私たちが何かをはっきりと分かるように断念すると、子どもはそれが価値あることだと感じて、無意識に模倣します。このようにして、非常に意味深いことが達成されるのです。

精神科学が提供するものをとおして、私たちの思考が正しい方法で導かれることが必要です。そうなると、精神科学は単なる理論ではなく、人生の知恵、私たちの生活を導くものになります。

⑥賛成・反対を吟味する

アストラル体（感受体）に対する自我の支配を強める方法について、公開講演で話したことがあります。その講演では、人間は何かに対して、いかに賛成もしくは反対を唱えることができるかを述べました。人間の心魂がいかに人生に関わっているかを調べてみると、人間は考えるときや行動するとき、たいてい何かに賛成か反対かしか述べていないことが分かります。それが普通です。しかし人生のなかでは、「完全に賛成」「完全に反対」と言えるものは、ひとつもありません。すべてのことがらに関して、「賛成かつ反対」があるのです。どのようなことに関しても、ひとつの側面だけでなく、他の側面も考慮して、「賛成か反対か」ではなく、「賛成かつ反対」を考慮するのはいいことです。

私たちが何かを行なうときも、ある状況下では、なぜそれを思いとどまったほうがいいかを考えたり、その行為に反対する理由もあることを明らかにするのはいいことです。自分が行なおうとすることに異議を差し挟もうとすると、虚栄心と利己心は抵抗します。

ただ人間は、よい人でありたいと思っています。多数の賛同があり、反対がないことを行なうとき、自分はよい人間であると証明できます。反対の多いことを行なったり、自分が行なうことに異議を差し挟まれるのは、不愉快なことです。実際は、人間は自分が思っているほどよい人間ではありません。これは人生にとって非常に重要なことなので、申し上げておきます。

この一般的な真理が意味を持つのは、自分が行なう個々のことがらにおいて――人生が要求することを行なうときも――何を思いとどまれるかに目を向けるときです。このようにして到達できることを、つぎのような簡単な方法で訓練できます。

みなさんは、意志薄弱な人に出会ったことがあるでしょう。自分では何も決断せずに、他人が決断してくれることを望む人です。「行なわなければならないから行なう」と言うのを好む人々です。このような人々は、責任を転嫁しているのです。自分で行動の根拠を見出さず、何を行なうべきかを人に訊くのを好みます。このような態度は有意義なものではありません。

私が述べることに、反対も賛成もたくさんあることでしょう。何らかの方法で反論されえないものは、人生にはほとんどありません。他人に訊きたがる人を、例にあげましょう。この人が同じことについて、二人から忠告を受けたとします。

ひとりは、「そうしなさい」と、言います。もうひとりは、「それは、やめておきなさい」と、言います。

人生においては、一方の助言者が他方の助言者に打ち勝ちます。より強い意志を持った助言者の意見が勝ち、忠告を乞うた者に影響を与えます。このとき、どんなことが生じているのでしょうか。無意味なことに思われるかもしれませんが、これは非常に意味深い現象なのです。

私が二人の人に向かい合い、ひとりが「イエス」と言い、他方が「ノー」と言うとします。私が「イエス」を実行すると、その助言者の意志が私のなかで作用を続けます。その人の意志の強さが、私の行為を力づけたのです。その助言者の意志の強さが、別の助言者の意志に勝り、その人の強さが私のなかで勝ったのです。

私が二人の人に向かい合い、一方が「イエス」と言い、他方が「ノー」と言うのではない場合を考えてみましょう。

私ひとりで、自分の内面でイエスかノーか思案するのです。他人が私に助言するのではなく、私自身がイエスかノーの根拠を見出して、イエスなら実行するのです。そうすると、私のなかの力が発展します。助言者が私のなかで行なうことを、私自身が行なうのです。そうすると、私の心魂のなかに強さが形成されます。内的に選択を行なうと、強さが弱さに打ち勝ちます。

これはアストラル体に対する自我の支配を非常に強めるので、大変重要です。あらゆる場合に、賛成か反対かを真剣に吟味するのを、不愉快に思うべきではありません。いま述べたことをこのような方法で実行すると、意志の強化のために大変多くのことが行なえるのです。

しかし、これにも影の側面があります。何かについて賛成か反対かの理由を自分で見出したあと、その根拠にしたがって行動せずに、投げやりな態度で放り出したとしてみましょう。その場合、意志は強化されずに、虚弱になります。その場合、「ノー」に従ったように見えますが、実際は単に怠け者なのです。そこまで精神科学を考慮するなら、疲れ果てていて決断できないときは、賛成・反対の決定を避けるのがいいでしょう。力が回復して、「いまは疲れていない。自分の心魂のなかで賛成か反対か決めたことを実行できる」と、感じられるときまで待つのがいいでしょう。自分自身に注意を払い、適切な時期にこのようなことを心魂のなかで行なってみるのです。

⑦判断のしかた

さらに、アストラル体（感受体）に対する自我の支配を非常に強める手段があります。私たちと周囲の世界のあいだに対立を生じさせるものを、私たちの心魂から取り除くのです。これは、人智学者の義務に属します。

正当な批判を避けるべきなのではありません。悪いものを「良い」と言うのは、自分が弱いからです。決して、そのようにすべきではありません。しかし、自分の意志で非難しているのか、自分の人格への影響ゆえに不快を感じて、けちをつけているのかを区別しなければなりません。

人々が自分にどのような態度をとるかに関係なく、人々を判断することに慣れると、アストラル体に対する自我の支配力は強まります。自分を甘やかして、「人々を批判しない私は善人だ」と思うのではありません。「自分にとって不愉快だから悪い」と思うのをやめるのです。人を判断するときに、自分を勘定に入れないで判断するのが、自我を強めるためによいことなのです。

理論的な原則としては容易に思えるものが、生活のなかで実行するのは非常に困難であることが分かります。例えば嘘をついた人に対して、その人への反感を抑制するのは、いいことです。その人のところに行って、「君は嘘をついたね」と言うことが重要なのではなく、反感の感情を抑えることが大切なのです。その人の言動が一致することがあったなら、それを、その人に対する判断に役立てることができます。ある人が、あるときはこう言い、別のときにはああ言うなら、その人自身が語ったことを比較すればいいのです。そうすると、その人が自分に対してどう振る舞ったかにとらわれるのとは、まったく異なった判断の根拠が得られます。

人を個々の行為で判断せず、事物自身に語らせて、その人の行為がどう一致しているかに従って判断することが重要です。卑劣な悪党だと思っていた人にさえ、その悪人らしからぬものがたくさん見出されます。ある人物について判断する必要があるときは、その人物の行為を私たちに関係づけて見るのではなく、自分自身は度外視して、その人物自身の行為を心に思い浮かべるようにします。

「私たちが下す判断の九割は思いとどまれる」ということを考えてみるのは、自我を強めるためによいことです。世界について下している判断を、普段の一割だけに減らしてみるのです。残りの九割については、判断を下すのを断念します。そのようにしても、心魂のいとなみが損なわれることはありません。

きょうは、ささいなことと思われることがらについて話しました。このようなことがらを折に触れて考察することも、私たちの課題なのです。このような考察をとおして、小さなものが大きな作用を有することが示されるからです。私たちのエーテル体（生命体）やアストラル体（感受体）を健康に、力強く育成しようとするなら、生活を通常のありかたとは異なったふうに取り扱わねばなりません。「病人を薬局に行かせて、必要な薬を見つけさせるべきだ」と言うのが、いつも正しいのではありません。

そもそもあまり病気にならないように、あるいは、病気が重くならないように、生活全体を整えるのが正しいのです。きょう述べた小さな訓練をとおして、アストラル体に対する自我の影響、エーテル体に対するアストラル体の影響、肉体に対するエーテル体の影響は強まります。その結果、病気は軽くなっていくことでしょう。教育および自己教育への作用が、人智学（アントロポゾフィー）の根本的な確信から発するのです。

なぜ服を着るか

人間と動物

人間の服装については、たくさんのことが想像で議論されてきました。諸民族のさまざまな服装についての文献、服装の歴史についての文献が少ないからです。

素朴な民族、部族の服装を見、自分たちが都会で着ている服を見てみましょう。自分の着ている服を見ると、私たちが何を着るかについて、本来ほとんど気にかけていないのが分かります。服装については、世間の慣習に合わせているのです。慣習に従わなければ、とんでもない愚か者と見られるか、あるいは、ずいぶん変人だと見られるという単純な理由で、世間の慣習に合わさざるをえないのです。

「ある国では布切れをまとうだけであり、ほかの国ではしっかりボタンをはめている。色彩豊かな服をまとっている民族と、簡素な色の服を着ている民族がいる」という問題に関して、外面的な科学によって答えを出すのは多分、非常に困難でしょう。なぜ人間は服を着るのかについて、文献がとても乏しいのです。この点に関して調べうるものすべてを考察すると、「服の多くが、身体を保護する必要から発したのは確かだ。周囲の影響から身を守る必要があるので、服を着るのだ」と、思われます。

動物は身を守るものを持っています。動物の場合、毛皮によって外的な影響の侵入が非常によく防がれています。毛皮によって、皮膚によって、身体の繊細な部分がよく守られています。「なぜ人間は、自分を保護するものを生まれつき持っていないのか」と、問うことができます。私は、「なぜ」という問いを特に強調するつもりはありません。自然のなかでは、人間が「なぜ」と問う権利が常にあるわけではないからです。自然は事物を存在させており、人間はそれらの事物がどのように存在しているかを、単純に追究しなければならないのです。「なぜ」と、理由を問う権利はないのです。それでも、「どうして人間は、身にまとうものなしに生まれてくるのか」と、問いたくなります。

私たちは別の問いを立てねばなりません。「動物が生まれつき有している毛皮という覆いは、あまり高度でない動物の精神組織に関連していないのか」という問いです。動物そして人間において、最も重要な身体部分が、外的な生活においても最も重要なものと思われています。しかし、私たちは人体における非常に小さな器官を引き合いに出せます。それらの小さな器官が別のありようをしていたなら、人体全体が崩壊してしまいます。

例えば、甲状腺の両側に非常に小さな器官があります。ピンの頭ほどにも大きくない器官です。「その器官はあまり重要ではないのだろう」と、思われるかもしれません。しかし、甲状腺の手術、甲状腺腫の手術が必要になったとき、もし外科医が不器用で、この非常に小さな、ピンの頭ぐらいの大きさの器官を取ってしまったら、身体全体が病気になります。耄碌《もうろく》し、次第に衰弱して、死にます。非常に小さな、ピンの頭ほどの器官が、人体全体に非常に大きな意味を持っているのです。この器官は非常に精妙な物質を分泌します。その物質が血液中を流れていなくてはならないのです。この器官がなくなり、その分泌物が血液中を流れなくなると、血液は役に立たないものになります。あまり注意されない器官が、その器官を有する存在にとって非常に大きな意味を持っていることが分かります。

毛皮のある動物を取り上げてみましょう。「毛皮があれば、冬、凍《こご》えないだろう」と、私たちには思えます。確かに冬、毛皮はよいものです。しかし、皮膚に毛が生えるためには、動物は特別強い太陽の作用を受けなくてはなりません。動物が強い太陽の作用を受けることによって、毛は生えるのです。

「太陽光線が当たるところにだけ、毛が生えるわけじゃない」と、みなさんはおっしゃることでしょう。しかし、いま述べたことは正しいのです。母胎のなかの胎児は、最初のうち、毛に覆われています。「胎児は日光に当たっていないじゃないか」と、みなさんはおっしゃることでしょう。この毛は、のちに失われます。人間はみな、母親の胎内にいた当初、全身が毛に覆われていました。その毛は、なくなっていきます。どうしてなのでしょうか。母親が太陽の力を受け取り、その力が内的に作用するからです。毛は、太陽の作用と密接に関連しているのです。

ライオンを例に挙げてみましょう。毛の長い雄ライオンは、特別に強く太陽の作用を受けています。こうしてライオンは太陽の作用によって胸部器官を、特別力強く形成したのです。短い腸と、力強い肺を持っているのです。それが、ライオンと反芻類との違いです。反芻類は下腹部の器官、つまり腸、胃などを特に形成しています。動物がどのように毛に覆われているか、どのように羽毛で覆われているかが、太陽の作用と特に関係しているのです。

太陽の作用を強く受ける生物の場合、その生物のなかで太陽が考え、太陽が意志しているのです。それらの生物は独立してはいません。人間が自立しているのは、このような外的な覆いを持たずに、多かれ少なかれ地上の周囲の影響にさらされているからなのです。「人間よりも動物のほうが、地球に依存する度合いが少ない」というのは、興味深いことです。いまの常識では考えられないでしょうが、動物は大部分、宇宙から形成されたものなのです。その証拠は、いたるところに見出せます。しかし人間は、そもそも外的な自然の影響を受けないでいることができるのです。それが可能なのは、人間には自分を十全に守ることのできる毛皮がなく、その代わりに、自分の身体を守るための衣服を必要とするからなのです。

衣服の課題

私たちの普通の衣装は、本来二つの要素からできていることが分かります。冬、私たちはオーバーを羽織り、寒さから身を守ります。これが衣服の一つの要素、すなわち身を守るという要素です。しかし、これが衣服の唯一の要素なのではありません。

特に女性の場合、衣服は単に寒さから身を守るためだけのものではありません。美しく見せるために、衣服を身にまとうのです。しばしば、ぞっとするようなファッションもありますが、衣装は美しくあるべきです。趣味が良いか悪いかによりますが、いずれにしても衣服はきれいであるべきですし、着飾るべきです。「外界に対する防御」と「装飾」が、衣服の二つの課題です。

第一の課題は、身を守る必要がある北方において発生しました。ですから北方では、衣装は「身を守る」という性格を強く持っています。身を守るという課題は、人々を大いに駆り立てるものではありません。人々がほとんど裸で暮らしている南方では、服を着る意味は大部分、身を飾ることです。

暖かい地方で高度の文明が築かれたことを、みなさんはご存じでしょう。精神生活は暖かい地方から発生しました。ですから、衣服のことを探求すると、「周囲の外的な影響から身を守るための衣服は、不完全なものにとどまる」ということが、私たちには分かってきます。それに対して、装飾的な衣装は非常に完成されています。もちろん、趣味が良いか悪いかが問題になってきます。人間の精神の方向性全体を考慮する必要があります。

原始的な民族、素朴な民族を取り上げてみましょう。そのような民族は、強烈な色彩感覚を持っています。悟性に関しては進んでいる私たち、進んでいると思っている私たちは、原始民族が有していたような色彩感覚を持っていません。

原始的な民族は、まったく別の感覚を持っています。すなわち、「人間には精神的―超感覚的な部分がある」という感覚を、彼らは持っているのです。今日、いわゆる文明国では、このようなことが信じられていません。文明人ほど賢くない人々が、「人間には超感覚的部分がある」と感じているということを、文明人はもはや信じません。

この超感覚的な部分を、彼らは色彩あるものと感じています。素朴な民族は、人間の超感覚的な部分（私がアストラル体と呼ぶもの）を色彩あるものと感じ、この不可視の部分を目に見えるようにしたいと思うのです。こうして彼らは、アストラル領域で赤や青などを見るのにしたがって、赤や青で身を飾るのです。これは、彼らが天界から得た見解に由来するのです。

古代人と現代人

例えばギリシア人は、人間の「エーテル頭」が肉体の頭よりずっと大きく、聳《そび》え立っているのを見て、女神パラス・アテネ（アテナ）を、兜をかぶった姿で表現しました。みなさんがパラス・アテネの像を見て、その兜をよく調べると、兜の上のほうに目のようなものがあるのにお気づきになるでしょう。パラス・アテネの像をごらんになれば、出来の悪い彫刻でも、かならず兜の上方に目があります。「それが身体に属している」と思われていた証拠です。

人間の超感覚的部分についての感受性があった地方では、衣装のまといかたも人間のアストラル体（感受体）を表わすのにふさわしいものでした。

さて、私たちの地方では、儀式で使用する衣装のみが色彩豊かです。儀式の衣装を見ると、アストラル体が衣装に模写されているのが分かります。衣装の色と形は本来、超感覚的なものから取ってこられたのです。このことを把握すれば、いかに衣装が「装飾」として形作られているかを理解できます。これも非常に大事なことです。

冠をかぶったパラス・アテネ像

昔の絵を見ると、「例えば、聖母マリアは常

聖母マリアとマグダラのマリア

に一定の衣装、決まったマントをまとっている。そのように描くことによって、アストラル体つまり心情を表現しているのだ。アストラル体のありようを衣装によって示しているのだ」ということが分かります。聖母マリアとマグダラのマリアがいっしょに描かれている絵を見れば、「古代の画家は、聖母マリアとマグダラのマリアを別様に見ていた。その違いの原因は、アストラル体にある。アストラル体の色彩を衣装で表現しているのだ」ということが分かります。

文明人は唯物論に引きずられて、人間の超感覚的部分に対する感覚を、まったく失っています。文明人は地上的な悟性によって考え、「地上的な悟性がすべてに勝る」と考えています。ですから私たちは、自分の着ているものがある程度しか人間的に見えないことに対して、もはや感受性を持っていないのです。男性はズボンをはいています。脚を筒のなかに入れているのです。ズボンというのは、世界のあらゆる衣服のなかで最も装飾性のないものでしょう。さらに、特別上品にしたいときは、頭にシルクハットをかぶります。

古代ギリシア人が生き返って、脚を二本の筒のなかに入れた人間、そればかりか頭にはシルクハットをかぶった人間を見たらどんな顔をするか、思い描いてみてください。しかも、ズボンもシルクハットも黒なのです。ギリシア人は、「これは人間だ」とは思わないでしょう。「とんでもない妖怪が現われた」と、思うはずです。このことに注目しなくてはなりません。

そして、すでに十分醜い上着に、まったく抽象的に布切れを裁断して、燕尾服《えんびふく》と呼んでいるのです。燕尾服は、人間がいかに無思慮になったかを存分に示しています。燕尾服を着用することに慣れているため、また人と同じようにしないと変人、奇人と見なされるために、人と同じにしているのです。しかし、「男性の服装は、特に正装の場合、すでに精神病院を思わせるものになっている」ということを知るべきです。これは、人間が現実からまったく遊離していったことを示しています。

多くの男性が、女性は男性よりも非文明的であると信じていますが、女性は服装において、いくらか根源的な姿にとどまっているのです。今日、女性の服装を男性の服装に似たものにする傾向も出てきていますが、それは幸いなことではありません。

集団的心魂

「装飾」とは、いったい何を意味するのでしょうか。身を飾ることによって、人間の精神を外的に表現しているのです。原始的な民族において、服装がどのように発生したかを理解する必要があります。そして、原始的な民族は現代人のように自立していなかったということを明らかにしなくてはなりません。今日では、だれもが自分は自立した個人だと思っています。確かに、そうです。「私は自分の分別を持っている。その分別によって、自分が何を行なうかを考え出すのだ」と、思っています。

特別にうぬぼれた人なら、自分を改革者だと思います。そんなわけで、今日では世界に無数の改革者がいることになります。つまり今日、人間は自分を完全に自立した者と見なしています。

昔の人や、昔の民族にはそのようなことが、そもそもありませんでした。昔の民族は、「グループで一体」と、思っていました。そして、ある神霊存在を自分たちの集団心魂と見なしていました。「この集団心魂が自分たちを結び付けている。自分たちは身体の一部のように、この集団心魂に属している」と、彼らは考えていました。

この集団的なものを、彼らは一定の姿形を有するものと考えました。そして、それを衣装で表現しました。例えばギリシア人は、この集団心魂を頭の上の兜のようなものと考えて、兜をかぶりました。兜は装飾上必要なものではなかったのです。「兜をかぶることによって、私は集団心魂に似た者になる」と信じていたのです。

同様に、鷲、禿鷹その他の動物、梟《ふくろう》などを集団心魂と考えました。そして、集団心魂に似た者になるために、羽根飾りのついた服装をまといました。このように、衣服は大体、霊的必要から発生したのです。

原始的な民族、種族においては、集団心魂とみなされているものが、衣装に表現されています。原始的な民族を目にして、「どのように衣装を身に着け、どのように身を飾るのか。羽根で身を飾るのか、毛皮で身を飾るのか」と問うなら、「もっぱら羽根で身を飾る民族は、共通の集団心魂、ある意味で守護霊は鳥だと思っているのだ。もっぱら毛皮で身を飾る民族は、集団心魂、守護霊は獅子あるいは虎その他の動物と考えている」と、言うことができます。「これらの人々は自分たちの集団心魂をどのように考えたか」と、問うことによって、原始的な衣装の形態を理解できるのです。

確かに、たなびくような服を好む人もいるし、体にぴったり合った服を好む人もいます。たなびくような服は、「鳥のような衣装、羽根のついた衣装にしたい」という思いから発展しました。翼が気に入っている人々です。ひらひらした服は、自分の器用さに大きな影響を与えます。体の向きを変えるとき、腕は優美な動きをします。そのようにして、人々は器用になります。「着飾るのは、精神的なものを衣装のなかに表現しようという意志の現われなのだ」と、言えるのです。

単なる防寒具に反対するつもりはまったくないのですが、単なる防寒具は俗物根性を表わしています。身体の保護のためだけに服を着ようとすると、人間は俗物になります。身を飾ろうとすると、俗物ではなくなります。身を飾るのは本来、人間のなかにある精神性を衣装で表現することなのです。

太陽と心臓

のちに社会が文明化されると、これらのことがらがまったく混乱してきました。例えば、つぎのようなことを明らかにしなくてはなりません。過去の民族は、太陽が人間の心臓、胸に特別に影響すると思っていました。「太陽が正しく影響することによってのみ、私は勇敢な人間でありうる。太陽光線が外的に皮膚に作用するなら、私は全身毛むくじゃらになっていただろう。そうではなく、太陽光線は内的に心臓に作用しなくてはならない」と、彼らは思いました。

心臓が太陽と関係づけられるのは正当なことなのです。このような太陽との関係について、まだいきいきとした知識を持っている人々は何をするでしょうか。そのような人々は喉《のど》のあたりに、太陽を表わすペンダントをします。太陽を表わすものを、首にかけるのです。彼らはそのようにして歩きます。そうすることによって、「太陽が心臓に影響を与える、と私は信じる」と、宣言しているのです。

のちには、このようなことが忘れ去られました。ペンダントがもともとは太陽が心臓に影響を与えることのしるしであったことを、文明人は忘れました。かつては深い意味のあったものが、単なる習慣になったのです。そして人間は、習慣に従ってそのようなものを身に付けながら、なぜそれを身に付けるのかが、何も分からないのです。

まず習慣が広まり、のちに国家や政府がその習慣を占有するようになりました。習慣になったものを占有するとき、「国家、政府は進歩した」と、言われます。だれかが薬を発見したとしましょう。いつも、一人の人間が発見するのです。その人物の精神力によって、薬が発見されるのです。政府は、その薬を引き渡すように要求します。そして、「政府が許可すれば、販売してもよろしい」と、言います。最終的には、政府が発行するようになるのです。

「太陽ペンダント」も、そうです。人間は元来、それを自分自身の知識から作り上げたのですが、のちになると、習慣的に身に着けるようになりました。それから政府が、「君たちは自由

トーガを着たアウグスティヌス像

に作ってはいけない。君たちがそれを作り、身に着ける許可を、我々が与えるようにする」と、言い出しました。

　このようにして、勲章ができました。政府は国民を勲章で飾ったのです。もちろん勲章には、もはや何の意味もありません。しかし勲章を罵《ののし》る人は、「勲章にはもともとよい意味があった。それは意味あるものから発生したのだ」ということも知るべきです。

　古代ローマ人とギリシア人は、裸で歩くとき、「裸体が人間の全体なのではなく、そのほかに超感覚的な身体がある」ということを、まだ知っていました。その超感覚的な身体を、彼らはトーガで模倣しました。トーガはそのようにして作られたのです。そのようにして、古代ローマ人は超感覚的な身体を模写したのです。トーガはアストラル体（感受体）にほかなりません。トーガの芸術的な衣紋のなかに、アストラル体の力が表現されています。

　近代になると、もはや人間の精神的な部分について、何も分からなくなったので、昔の衣服を元にして、新しい衣装を作り上げることしかできませんでした。あちらこちらを切り取った

り、地面に引きずっていた裾《すそ》を短くして、できるだけはきやすくし、だんだんと現代の男性用ズボンへと変形されていきました。現代の男性用ズボンは、トーガを切り取ったものにほかなりません。

ベルト

例えば、ベルトを取り上げてみましょう。ベルトは、人間が「私は中央で区切られている。動物は区切られていない」と知っているために、できたものです。例えば、人間が有する横隔膜が、動物にはありません。動物は中央部で区切られていないのです。信じられないことですが、このようなことを今日の人間は忘れています。

たとえば、しばしば人間の身長と動物の体長を比較して、動物はどれくらい食糧を必要とし、人間はどれくらい必要とするか、というようなこと

イギリス最高の勲章、ガーター勲章。左膝につけるガーター、頸飾、星章、マントなどからなる。

が研究されています。一度、「あそこに動物がいる。ここに人間がいる」と、考えてみてください。ある人が、動物の体長と人間の身長を測ります。二つのものを、互いに比較できるでしょうか。それは無意味です。

動物において測られるものは、人間の上半身に相当するものなのです。人間の身長を頭のてっぺんからお尻まで測って、それを動物と比較することはできます。あるいは、人間の脚の長さと、動物の後ろ脚とを比較することはできます。

人間が中央部で区切られていることにどんな意味があるかを知っていた原始民族は、それをベルトで暗示したのです。人間の特徴が、ベルトで示されているのです。

そして正しい認識ができると、例えば、膝の屈伸に思考の力が存在することが分かります。ですから、昔は膝に飾りを付けたのです。今日ではズボンをはいているので、特別に飾りを付けることはできません。このような事情で、イギリスのガーター勲章などができました。これらは、すべて本物の直観から生まれたものであって、今日のおぞましい抽象的な理論的思考から発生したのではありません。

現代の服は色彩豊かではありません。なぜ色彩が失われたのでしょうか。超感覚的なものは、色彩によって最もよく表現されます。色彩を喜ぶ人は、超感覚的なものを把握するのに適しています。今日では灰色、できるかぎり色彩を排除した色が好まれます。「夜には、どの猫も灰色に見える」ということわざがあります。そもそも現代人は光、つまり霊的な光を見ないのです。現代人には、すべてが灰色になったのです。そのことが、衣服に表わされたのです。

どんな色で自分の身を飾ればいいのか、分からなくなりました。それで、色で身を飾ることをやめたのです。衣服はすべて、人間の超感覚的部分について古代にはまだ知られていたことがらに関係しています。文明全体が灰色になりましたが、人生のある領域では元来の色彩が残った部分があります。しかし、それが本来、何に由来するのかは知られていません。

近代国家において軍人が着る服は、人間が衣服でますます身を守るように指示された時代に誕生したものです。軍服の個々の部分は、防衛に関連しているものか、攻撃に関連しているものかを確かめてみることができます。基本的に、「軍服はすべて、今日では時代遅れだ。現代人は、もはや軍服を理解できない」と、言うことができます。

現代の私服のズボンは、古代ローマのトーガから発生しました。軍服のズボンは、ローマのトーガから発生したのではありません。中世の騎士たちが身に付けていた鎧《よろい》から発生したのです。鎧が形を変えたものなのです。

旗・絵画

旗については、どう考えたらいいでしょうか。旗には、つぎのような事情があります。旗には元来、「紋章図柄の動物」が描かれていました。動物である必要は必ずしもありませんが、「紋章図柄の動物」とは何でしょうか。それは集団心魂、つまり人々を結び付ける天界の心魂でした。人々はグループを形成したとき、集団心魂の模像を有したいと思ったのです。そうして、旗が作られました。人々が有する共通の思考を、旗の図柄に込めたのです。

昔の画家の描く絵は、現代の画家の絵よりもずっと現実的であったことを知るのは、特に重要です。今日では、額に入れてどこかに掛ける絵が描かれます。額に入れて部屋に飾るのが習慣になっていますが、根本的に言って、それは無意味です。「なぜ、壁に絵を掛けなくてはならないのか」と、問うべきです。

昔は祭壇があり、祭壇に絵を描いたのです。祭壇の前に立つときは、その絵に思いを馳せるべきでした。人々は教会のまわりを巡りました。教会の壁には、人々が順に考えるべきことが描かれていました。それらの絵には、人々の内面の経過に関係するという意味があったのです。

騎士団は何のために作られたのでしょうか。騎士団に属している者は、いつも祖先を見上げました。それが騎士団設立の理由です。自分よりも祖先のほうが、ずっと大事だったのです。祖先がたくさんいればいるほど、自分の価値が増しました。騎士たちの城には、祖先の絵が掛けられていました。それにも意味があったのです。

しかし、やがてそのような意味が失われていきました。風景画が現われました。壁に風景画を掛けるというのは、すでに余計なことではないでしょうか。私は、あらゆる風景画に毒づくつもりはありません。しかし、風景画を見るよりも、風景のなかに出て行くに越したことはないのです。人間が自然に対する正しい感覚を失ったときに、風景画が描かれるようになったのです。

二、三百年前の絵画を見ると、ラファエロでもレオナルド・ダ・ビンチでも、「描かれているのは人物であって、風景はごくわずか、しかも幼稚に描かれている。風景は屋外で見るものだと了解されていたからだ」ということが分かります。人物のなかには、さまざまなものが表現できます。人物は単なる自然ではないので、さまざまなものが表現できるのです。

ラファエロはマリアのなかに、多くのものを表現できました。みなさんは多分、ドレスデンの美術館にある絵、雲の上でマリアがイエスを左腕に抱いている絵をご存じでしょう。その下には二人の人物、聖シクストゥスと聖バルバラが描かれています。そのために、この絵は「シクストゥスのマドンナ」と呼ばれています。

ラファエロの「シクストゥスのマドンナ」

ラファエロはこの絵を、どこかに掛けるために描いたのではありません。彼はそもそもマリアとイエスのみを描き、祈念祭の行列で旗印として掲げるのが目的だったのです。戸外で、祭壇へと向かっていく行列がありました。そのときには常に、先頭に旗印を掲げました。人々は祭壇の前で止まり、跪《ひざまず》きました。

それで、のちにだれかが、跪いている聖シクストゥスと聖バルバラを描き加えたのです。彼らは、もともとの絵には描かれていなかったのです。ラファエロが描いたものに、ひどいことをしたものです。しかし、人々はそれに気づきません。多くの人が、かなり場違いなバルバラの姿に、マリアとイエスの姿同様に感嘆しています。

これらすべてが、「絵画において意味を有していたものから、人々は遠ざかった」ことを示しています。なぜラファエロが、教会の旗のためにこの絵を描いたのでしょう。行列に際して、人々が共通の考えを持つためです。旗を作るときの元来の意味に合っていたのです。

民族衣装・入れ墨

さて、ものごとが本当に意味を持っていた昔から保持されてきたものに、別の意味を結び付けたいという欲望が生じます。例えば今日、フィンランドに行ってみると、昔の服装をした人々に出会います。特に「国民的」であろうとする人々は、昔の衣装を身にまといます。忘れられたものが復活するのです。

フィンランド人の民族衣装

しかし、私たちは古代の本能が存在した時代、衣服に意味のあった時代にもはや生きてはいません。古代民族は自分たちの感覚によって、衣装を作り出しました。今日では、今日の精神生活のなかに存在するものから衣装を作り出さねばなりません。古代民族は、「世界と人類にとって正しい衣服だ」と思った衣装を作り上げました。そのような能力を、今日の人間は持っていません。今日の人々は本当の人間、つまり人間精神について何も知らないからです。そうして、私たちはまったく意味のない服を身に付けるようになりました。無意味さを極端にまで押し進めた服を、私たちは着ているのです。

人間は本来、ベルトをしていました。その場所に人間における特別のものがあることを、ベルトは表現していました。それを人間が表現するために、ベルトはあったのです。人はベルトを見て、人間が上下に区分されていることを知ります。その区分が、ベルトで示されているのです。

そのように、ベルトには本来表現するものがあったのですが、婦人服はしばしば何も表現せずに、肝臓や胃などをきつく締めるように作られています。「唯物論的な時代に誕生したものは、まったく無意味なものから発生した」と、言えます。

私たちが今日、馬鹿げたものと見なすものも、原始的な民族においては意味がありました。例えば野生の民族は、着物を着るのとは違った方法で、体を飾ります。着物は本来、身を飾るもの、人間に何かを付け加えるものです。衣服は本来、何かを示唆し、開示させるものです。目に見えないものが、衣装によって示されるのです。「服を着るには、かならずしも布は必要ない。さまざまなしるしを身体に付けるのでよい」と、野生民族は今日でも思っていますし、ほかの人々もそう思っています。いわゆる入れ墨で身を飾るのです。人々は、さまざまなしるしを身体に彫ります。

体に付けるしるしには元来、非常に大きな意味があったのです。例えば、心臓の図を体に彫るとしましょう。昼間、起きているときには、その絵は大きな意味を持ちません。しかし眠ると、体に彫った絵は非常に大きな印象を、眠っている心魂に与えます。その絵は、眠っている心魂のなかで一つの思考内容となりました。その思考内容は朝、意識が戻ると、ふたたび忘れ去られました。

入れ墨は本来、眠りのなかで人間に作用するという意図から発生したものです。のちには、未開民族においても、そのような意味が失われました。ただ習慣から、いまでも続けられていますが、本来の意味は失われました。

これらすべてを考慮しなくてはなりません。そうすると衣服は、一部は身体保護の必要から発生し、大部分は自分の身を飾る要求から発生したことが分かります。装飾は、「超感覚的なものを外部に示現させる」ことと関連しています。人間は衣装に関して、自分が服を着ているということ以外は知らないようになりました。そうして、民族衣装が発生しました。

身体を保護する必要のある民族は、体にぴったり合った分厚い服を着て、身体全体を衣服で覆います。少なくとも寒さに晒《さら》される部分は、衣服で覆います。温暖な地域では装飾性が発展して、薄い衣服、ひらひらする服を身にまといます。人間がどれくらい体を保護し、どれくらい身を飾るかは、その土地の気候次第なのです。

マジャール人の民族衣装

民族移動が起こると、一つの民族が、自分たちの衣装が適していた地方から別の地方に移ります。新しい土地では、なぜその衣装がこの民族に適しているのか、もはや分からなくなります。しかし、彼らは習慣によって民族衣装を保持します。そのため、なぜ人間がそのような衣装を身に着けているのかを生活環境から察することは、しばしば大変困難になっています。人間は考えるのをやめます。白熊の白い毛は北方の雪のなかでは目立たず、さまざまな迫害から身を守ってくれます。白熊が温暖な地に運んでこられると、白い毛はもはや身を守るものではなくなるでしょう。

そもそも人間は、かつて慣れていたものを、その意味を完全に意識することなく保持するのです。ですから、いまのような人間の服の着方から、なぜさまざまな民族がそのような服を着ているのかを理解するのは容易ではありません。答えを見出すためには、過去に遡らねばなりません。

たとえばハンガリーのマジャール人の衣装が独特のものであることを、みなさんはご存じでしょう。ハンガリー人は、狭い長靴を履き、体にぴったりのズボンをそのなかに入れ、体にぴったり合った上着を着ます。それらすべては近代化され、元来の意味を失いました。しかし、そのような服装もハンガリー語も、猟師の生活を表現しています。

みなさんがブダペストに行って、通りをお歩きになると、〈Kave Haz〉と書かれた看板をごらんになるでしょう。喫茶店のことです。これはハンガリー語でもマジャール語でもありません。ドイツ語の「カフェー・ハウス」がなまったものです。しかし、〈Kave Haz〉と書かれると、それが本来ドイツ語だということに気づきません。ラテン語もしくはドイツ語からマジャール語に取り入れられた多数の単語を度外視すると、彼らの言語の大部分は猟師の言葉です。マジャール人が本来、狩猟民族だったことが分かります。マジャール人の服装は元来、狩猟に最も適したものだったのです。しかし、彼らの服装は近代化され、変形されました。場合によっては、まだ狩猟民族の名残りに気づきますが、今日の服を見ると、もはや多くを理解はできません。

何を食べるとよいか

人間は食べたものから出来ている

いままで、精神生活に関するさまざまに興味深いことがらについて話してきました。きょうは、もっと世俗的なテーマについて、精神科学の観点から話してみたいと思います。みなさんの多くにとって、世俗的なテーマは多分、栄養の問題でしょう。まさに今日、「日常的な問いについて精神科学は語るべきだ」ということが明らかになるでしょう。

精神科学を外側から知った人々が、「精神科学はあまりにも霊的なものへと上昇して、地に足がついていない」という非難をします。他方では、精神科学つまり人智学（アントロポゾフィー）についてパンフレットで読んだり、聞きかじった人々が、「人智学者は、何を食べるべきか、何を飲むべきかについて語りすぎる」と言って、非難します。そのように言う人々は、ある意味で理想主義者であり、崇高な観点から世俗生活を見下ろして、「人間が何を食べ、何を飲むかは、低俗な、どうでもいいことだ。何を飲食するかではなく、精神の力を物質の彼方へと高めることが大切なのだ」と、思っています。善意の理想主義者も、このように人智学を非難します。

いろんな観点から食事について語られている今日、精神科学の立場からこのテーマについて述べるのは興味あることでしょう。ドイツの唯物論哲学者、ルートヴィッヒ・フォイエルバッハ（一八〇四―七二年）が、「人間は食べたものから出来ている」と書いたことがあります。重要な思想家たちが、このフォイエルバッハの考えに賛同し、「人間がもたらすものは根本的に、消化した食料の成果でしかない」と考えました。「純粋に物質的に自分のなかに受け入れるもの、食料を消化して血肉化したものの成果が人間なのだ」というのです。今日ほど多く食事について語られると、「人間は食べたものから出来ている」と思うのも無理はありません。ですから、語るべきことがたくさん私たちにはあるのです。

この講演にはどのような意味があるのか、どのような意図でこの講演がなされるのかを、正確に理解しておかなくてはなりません。この講演は、扇動的になんらかの方向へと煽《あお》るものではありません。改革しようという意図を有する講演ではありません。精神科学者は、「何が本当であるか。ものごとはどのような状態にあり、どのように見えるか」について語ります。精神科学者の話は扇動的なものであってはなりません。精神科学者は、「真理を認識した人間は、その認識をとおして正しいことも行なう」と、信頼しています。

ですから、この講演はなんらかの方向へと扇動するものではありません。この講演で、「この食事には賛成、その食事には反対」と語られたと思う人は、この講演を誤解したことになります。私は、ものごとのありのままの姿を述べるだけです。どの食事に賛成していて、どの食事に反対しているかという印象を受けられなかったら、私の講演をよく理解して下さったことになります。

このような前提の下に、「人間は食べたものから出来ている」という意見は正しいのかどうかを、精神科学の観点から取り上げてみましょう。人間の身体は精神の道具であるということに、いつも注目していなければなりません。身体が成し遂げるべきさまざまな活動を視野に入れて語ると、「人間は身体を物質的な道具として必要とする」と言うことができます。道具は正しい方法で調整しなければ、役に立ちません。同様に、身体は正しく調整しなければ、私たちの役に立ちません。道具は正常に機能しなければ、何の役にも立ちません。身体が正常に機能しなければ、人間は自由に意図を実行できなくなるでしょう。ですから私たち精神科学者は、人体の問題に取り組むのです。

「人体が、意図と発意の実行に適さないものになるのではないか。私たちは不適切な食事によって、自分の身体に依存する不自由な存在になるのではないか」と、問わなくてはなりません。

「身体を、私たちの精神的欲求を実現するのに適した道具に作る可能性はあるか。身体を正しい方法で養うという回り道をして、私たちは身体から独立した自由な存在になるのではないか。私たちが〈食べたものから出来ている存在〉ではなくなるようにするには、何を食べねばならないのか」と、問わなくてはなりません。

この問いを別の観点から見てみましょう。純粋に物質的に考察しても、「人間は人体を構築するものを絶えず使い果たしている。それを食事によって、ふたたび補充するよう注意しなければならない」というのは、まったく一般的な事実です。「人体に必要な物質を調べ、動物の体を組み立てている物質を調べる。そうして、自分の体をそれらの素材から組み立てるように注意せよ」ということです。

この見解は、非常に唯物論的なものです。「人間の食事の課題は、一体何か。どのような意味で、食料は人体内で用いられるのか」と、問わなくてはなりません。「人体は蛋白質、脂肪、炭水化物、鉱物素材から構築されている」と、言うことができます。私が精神科学の観点から人間について述べることは、人間にのみ通用するということを、注意しておきたいと思います。そのまま動物に当てはめることはできません。「これらの食料から適量を補給するためには、どのように食べるのが一番いいのか」と、問うことができます。

「物質的な経過、すなわち物質界で生じることは、内的―霊的な経過の表現である。それらは、いわば外的な経過でしかない」という土台の上に、精神科学はしっかり立たねばなりません。栄養摂取過程も、単に物質的なものではなく、精神的な過程の物質的表現なのです。人間は一個の全体であり、肉体は化学素材から構築されているように見えます。いかに人間が純粋に物質的な世界から精神的な世界に上昇できるかに、注目しなければなりません。

「肉体はエーテル体つまり生命体から構築されている」ということは、しばしば話してきました。生命体は肉体の構築者です。私たちは肉体を、単にそのなかで演じられる化学的経過として考察すべきではありません。唯物論的に単に化学的経過を見て、「化学素材に何が生じるか」と問うと、私たちは誤ります。

エーテル体（生命体）の背後にはアストラル体（感受体）があることを、思い出さなくてはなりません。アストラル体は衝動と感受性を表現するものであり、ある点で心魂を表現するものです。人間を精神科学的に考察すると、エーテル体も肉体もアストラル体に浸透されているのが分かります。私たちは一面的に語るべきではありません。肉体の背後にアストラル体を見なくてはなりません。

さらに、人間の第四の構成要素として自我があります。人間を四つの構成要素からなるものとして考察するときに、初めて私たちは人間全体を眼前にすることになります。それらがさまざまな栄養の影響下に、どのように作用するかについて答えを出せたとき、私たちは初めて栄養の問題について包括的に語ることができるのです。

よくご存じのように、人間は食料を植物界、動物界、鉱物界から摂取して、自分の体を構築しています。内的生命の育成に関心を寄せる人は、これから述べることがらに注意を引かれるはずです。私はここで、霊的な観照にいたるために自己教育しようとする秘教家や人智学者に向かって話しているのではありません。ここで述べるのは、まったく一般的な、だれにでも通用することがらです。人間は食料を動物界、植物界、鉱物界から採ります。

さて、「植物は人間と対照的なものだ」ということを明らかにしなくてはなりません。動物は、この両者の中間に位置します。この対照性は呼吸過程として、外的―物質的に表現されています。人間は酸素を吸って、体内で炭素と結合させ、炭酸を吐き出します。植物はみずからの有機体を育成するために、炭酸を吸い込みます。植物もある意味で呼吸するのですが、植物における呼吸過程は人間とはまったく異なった意味を持っています。

ですから、「精神的な点で、植物と人間は逆のことを行なっている」と、言うことができます。光が植物に及ぼす影響を明らかにすると、このことがはっきり分かります。光を奪うと、どのような影響が植物の生命プロセスに及ぶか、みなさんはよくご存じでしょう。光があるので、私たちの眼前に世界が現われています。私たちが肉眼によって、世界を輝きと色彩からなる大きなタブローとして見ることを可能にするのは光です。また、光はある意味で、植物の生命プロセスを推進させるものです。この光が私たちの周囲に、色彩に満ちたタブローを生じさせているのです。それは物質的な光ですが、「光は単に物質的なものだ」と思う人は、誤ります。

光の正体

物質的なものの背後に霊的なものが存在しているように、私たちに流れてくる光の背後に霊的な光が存在しています。人間は物質的な光の輝きを喜ぶたびに、「人間のなかに精神が生きているように、光のなかに霊的な光が生きている」と思い浮かべることができます。物質的な日光のなかに生きている霊的な光は、人間のアストラル体（感受体）のなかに生きている不可視の光と同じ種類、同じ本質のものなのです。全宇宙空間を貫くものの一部が、アストラル体のなかに生きているのです。ただ、それを物質的に見ることはできません。このことから分かるように、それはある意味で、物質的な光と反対のものなのです。それは物質的な光を補充するものです。

私たちのなかに不可視の光が生きています。この不可視の光は、私たちのなかである課題を有しています。不可視の光は物質的な光に対して、磁石のプラスとマイナスのように相対する関係にあります。肉体、エーテル体（生命体）、アストラル体のあいだの関係がどのようなものであるかを明らかにすると、その関係が外的に表われているのを、私たちは認識するでしょう。アストラル体は、他方では自我に貫かれています。

しばしば、「エーテル体は全生涯にわたって、肉体の衰微に対して戦っている。人間のなかには、動物と同様、肉体とエーテル体のほかにアストラル体、つまり内的な光がある」と、語ってきました。内的な光は、外的な光とは逆の課題を持っています。

外的な光が植物に注ぐことによって、植物はみずからの有機体を築いていきます。蛋白質、樹液、炭水化物などを植物は構築します。内的な光は「ふたたび取り壊す」という課題を持っています。それがアストラル体の課題の一部なのです。それは私たちが摂取する蛋白質その他の絶えざる分解、解体であり、私たちが摂取した製品を使い尽くすことなのです。それは外的な光が構築するものに対して、反対の作用を及ぼします。

この内的な分解活動なしには、人間は自我を持った存在にはなれなかったでしょう。内的な分解活動をとおして、人間は内的体験を持ちうる存在になっているからです。エーテル体は、肉体を維持する働きをします。アストラル体は、エーテル体による製造をふたたび分解、崩壊させます。

肉体内におけるこの分解プロセスなしには、みずからの内に自我を組み込んだアストラル体は、物質界で十分に生きることができないでしょう。人間と植物のあいだには相互プロセスがあるのです。「人間が炭酸を吐き出し、植物が炭酸を吸い込む。植物が酸素を吐き出し、人間が酸素を吸い込む」というプロセスです。植物と人間のあいだには、完璧な対比が存在します。

動物は人間のような自我ではなく、「群の自我」を有しています。同種の動物は共同の「群の自我」を有し、その自我によって外から規制されています。これが、人間と動物の本質的な相違です。動物において崩壊は外界によって導かれます。人間の場合は、内面の自我によって支配されています。人間の場合、自我は自分のなかで生起することの主人になれるのです。「自我がどのようにして、身体の経過の中心点になっていくのか」と、問うことにしましょう。「人間が自分のなかに摂取した物質を分解するに際して、人体は何を行ない、アストラル体は何を行なうのか。栄養に関しては、何か本質的に異なったものが問題なのではないだろうか」と、問うことにしましょう。

自我に浸透された身体が分解することによって、その身体はある活動を行ない、その活動を通して内的に何かが作られます。アストラル体による解体をとおして、内的な意識活動が生じます。解体されることによって、活動が呼び起こされるのです。最初に内的な熱が呼び起こされます。第二に、内的な熱よりも気づかれにくい、内的な光が物質的に表現されます。

血液に浸透する内的な熱が、蛋白質の分解の結果生じたものであるように、神経組織は内的な光を表現するものです。神経組織の活動は、解体の結果生じているものなのです。神経そのものではなく神経活動、つまり神経のなかで生起するものが解体の産物なのです。表象の可能性、思考の可能性を人間のなかで呼び起こすものを、私たちは「不可視の光の物質的表現」と言うことができます。それが解体プロセス、つまり食物を解体することによって呼び起こされるのです。

本質的に、内的な熱は蛋白質の分解によって生じます。内的な光は、人体内の経過、つまり脂肪、炭水化物、澱粉、ブドウ糖などによって引き起こされ、熱製造過程、意識過程が人体内で展開します。それが、アストラル体から発する活動を表現しています。

「食料を必要量摂取すると、人間は正しく栄養を取れる」のではありません。いま述べたプロセスをできるだけ正しい方法で遂行するときに、正しく栄養が取れるのです。これが内的な生命の基盤です。人間は動きと活発さを有する存在であり、そこにこそ内的生命があるのです。内的な生命が正しい方法で製造されなかったら、正しい作用を及ぼすことができず、人間は病気になります。

適正な内的活動性は、栄養問題に対する正しい答えをもたらす土台を提供するにちがいありません。「人間が内的なプロセスにおいて果たさなくてはならないものは、すべて逆の方向で植物のプロセスを継続するものでなくてはならない」ということに、私たちは注意を向ける必要があります。植物プロセスが終了するところから、人間は始めねばなりません。

肉食と菜食

特殊なケースを話せば、何が問題かがすぐに理解できるでしょう。菜食にすると、体内に摂取された植物は人体に多くのことを要求します。菜食は、脂肪分の多いものではありえません。人体は自分で脂肪を製造する能力を有しており、「脂肪でないものから脂肪を作る」ように要求されるのです。つまり、菜食にすると、人間は内的に活動を展開しなければならず、脂肪の製造に必要なものを使い尽くすよう、内的に努力しなければなりません。動物性脂肪を摂取すると、そのような活動が省かれます。

唯物論者は、「努力なしに、たくさんの脂肪を得られるなら、それは人間にとってよいことだ」と、言います。精神的な立場からは、「内的活動こそ、内的な生命本来の展開だ」と、見なくてはなりません。自分で脂肪を作り出す力を呼び起こす必要があるとき、その内的活動のなかで、自我とアストラル体（感受体）が肉体とエーテル体（生命体）に対して主導権を持ちます。動物性脂肪を摂るなら、その結果、自分で脂肪を作り出す労力は節約できます。しかし、菜食にして、みずから活動する機会を得るなら、人間は自由になり、自分の身体の主人になります。

そうでなければ、人間は精神存在として、傍観者にとどまります。人間のなかで演じられるものすべてに関して、観衆にとどまります。自分のアストラル体を十分に生かそうという衝動を妨げるのは、人間のなかにある重さです。自分で脂肪を製造する可能性が取り上げられると、アストラル体の内的な活動は壁に突き当たります。

さまざまな物質によって、どのような内的な活動が展開されるかが問題です。この観点から、人間の栄養にとって菜食、肉食が有する意味を明らかにしてみましょう。肉食と菜食が人体内でどのように作用するかを解明してみましょう。

私たちが摂取する動物性蛋白質は、植物性蛋白質とは異なっています。動物の体は人体と同じくアストラル体に浸透されているので、人体によく似た経過をある段階まで遂行します。その経過を人体は、動物の体が遂行する段階を少し越え出て遂行します。動物のアストラル体は、構築から崩壊を引き起こすものでもあります。私たちの周囲にいる動物を考察し、精神的な意味で人間を動物と比較するなら、人間内部に存在する特性が動物たちのなかに現われ出ていることが分かります。

さまざまな人種によって人体の相違は大きいとしても、「人間は一個の属である」と言うことができます。人間は、動物の諸形態のなかに広がっているものを精神的に包括したもののように見えます。動物たちのさまざまな特性を相互補完すると、人間においてほどよい節度で存在しているもののエキスが得られます。人間のなかで調和されている諸力を、どの動物も一面的な形で自分のなかに有しており、そこから自分の体全体を構築しています。動物の構成素材の最も内なる構造にいたるまで、「動物界は人間の諸特性が拡散した絵図である」と言えるのです。

人間が自分のアストラル体の特性を物質的に表わそうとするなら、アストラル体の力すべてを尽くすように要求されます。人間は自分の内なる経過の主導権を握らなければなりません。自分のアストラル体が、植物プロセスを自分のなかで継続させるように活動しなくてはなりません。私たちが動物界から自分のなかに受け入れるものは、動物の物質的な脂肪と肉だけではありません。動物のアストラル体が行なったものも、一緒に受け入れるのです。

菜食でアストラル体の無垢の力を呼び起こすとき、私たちは自分の内的活動力を完全に呼び出します。肉食をすると、この活動の一部が取り除かれます。ここで菜食と肉食の関係を、まったく精神的な意味で考察してみましょう。

人間が自分の体のなかで経過するものを導こうとするなら、外界で適切な強さをもって活動し、外的な特性を展開させることが大事です。力、勇気、攻撃的な要素すらも発展させることが大事になってきます。自分がまだ十分に強いとは感じられず、「自分のアストラル体にはすべては行なえない」と思われるときは、肉食によって支えが得られます。

ですから、「人間が内的にますます自由になるのは、植物から得る素材のおかげだ」と、言うことができます。肉食にすると、物質界のなかで展開される特性を無垢のアストラル体から作り出すことが、価値あることとは思えなくなります。人間はますます自由な存在になるべきであり、その上さらに、動物界に広まっている衝動も必要とするなら、食料を動物界からも取るように唆《そそのか》されます。

物質的に生を味わい尽くすために自らの特性を発達させようとしている戦闘的な民族は、どんな生活をしているのでしょうか。彼らは原則的に肉食をしているのが分かります。もちろん、例外はあります。その反対に、特に性格が内面的であり、瞑想的な生活をしている民族は、もっぱら菜食にしているのが分かります。

この二つの面を考慮しなくてはなりません。認識ではなく、何かのプロパガンダのためにアジテーションするときにのみ、あれこれの食物が万能薬として語られます。人間は盲滅法に野菜も肉も食べているのではありません。ある意味で、この両者を摂取する結果にいたる必然性があるのです。「多くの人の健康にとって菜食が正しいものではあっても、ほかの人々の場合は、菜食主義が健康を損なうことになる」と、私たちは言わねばなりません。私は人間一般のことを話しています。しかし、菜食、肉食に関して正しい見解を見出すためには、人間個々人を取り扱わなくてはなりません。

度を過ごした肉食になっている今日でも、そのように言うことができるのです。もし人間が自分の内的活動の大部分を取り去るなら、本来なら外的な活動であるものが、人間内部で展開することになります。心魂は表面的なものになって、人間は外界に接近し、外界と結び付きます。

菜食にすると、人間は内面的になり、自立して、自分の存在全体を導けるようになります。菜食中心にすると、自分の内的な力が優勢になり、視野が広くなります。肉食中心の人は、狭い範囲の領域に縛りつけられて、一面的に硬直するようになります。

今日の人間の課題は、適度に両者を摂取して、非実際的にならないことです。人間は、何ごとも主観的に判断せずに、先入観なしでいることができます。人間を狭い範囲に制限し、特殊性へと向かわせるのは肉食です。人間が狭い領域から超え出られるのは、菜食のおかげです。ドクマ的になり、誕生以降の自分しか見えなくなるのは、肉食過多に原因があります。反対に、菜食中心にすればするほど、容易に狭い視野から抜け出て高みに昇っていけるのが分かります。

脂肪形成という仕事を取り除こうとする人は、その取り除かれた仕事がアストラル体に一種の壁を作るのに気づくことでしょう。透視者でなくても、ある人が自分で脂肪を作り出しているかいないかは、その目を見れば分かります。アストラル体が自分で脂肪を形成しているなら、それをまなざしのなかに読み取ることができます。

菜食にするか肉食にするかによって、相対する二つの性格が作られることが分かります。私たちは実際、正しい方法で栄養を摂取することによって、身体を世界のなかで成長させなければなりません。将来、今日よりもずっと菜食を高く評価する時代がやってくるでしょう。そのとき人々は、「私が戯言《ざれごと》だと思っているものが、ある観点から見たら、もしかしたら正しいのかもしれない、まず確かめてみなければならない」と、言うようになるでしょう。

そのとき人間は、菜食によって重力に対抗し、物質的地平と精神的地平を広げるようになるでしょう。菜食にすることによって、科学の視野が拡大されるでしょう。

アルコール・コーヒー・紅茶・ミルク

「人間は飲食したものから出来ている」ことを示すために、さらにいくつかの例を挙げましょう。

アルコールを取り上げてみましょう。アルコールは植物から作られるものです。人間が自分の中心点たる自我の力によって遂行しなくてはならないことを、アルコールは植物をとおして外的に引き起こすのです。その経過を、精神科学がどのような根拠から述べているかを詳しく語ると、長くなりすぎるでしょう。人間がアルコールを享受すると、通常なら自我から発する活動をアルコールが取り去ってしまいます。これは、精神科学によって認識された事実です。

アルコールをたくさん飲む人は、あまり食べる必要がありません。燃焼過程を引き起こす食料を体に供給する必要が少なくなるのです。普通なら自我の内的な進入によって引き起こされる力を、アルコールは呼び起こすのです。

アルコールを体内に入れると、みなさんは自我の活動を客体化することになります。アルコールは自我の活動を模倣します。しかし、そのようにして内的な自己の代理物を作り出す分だけ、人間はアルコールに従属した者になり、奴隷になります。アルコールを控えていれば、自我の最良の力を活動させるのに適していたはずの人間が、そうなってしまうのです。アルコールという壁がなければ自我自身が行なっていたはずのものが、この壁の背後で行なわれるようになるのです。

多くの食品が独特の作用を人体に及ぼします。例えば、コーヒーです。コーヒーには、意味深い作用があります。コーヒーの作用は、アストラル体（感受体）にまで及びます。カフェインによって、私たちの神経組織は、普段なら内的な力をとおしておのずから生じる活動を、コーヒーの作用によって行なうことになります。「いかなるときにも、人間がすべてをアストラル体から行なうのはよいことだ」とは、だれも言えません。人間は自分だけで存在しているのではなく、生活しなくてはなりません。

コーヒーも植物界から採られた製品ですが、外的に植物プロセスをすでに一段高めています。その結果、コーヒーは人間の活動の一部を取り去ります。神経活動における首尾一貫性と論理性すべてがコーヒーに担われるようになるのが、修練を積んだまなざしには見えてきます。そうなると、人間は論理的関連、一つの思考への集中力をコーヒーに委ねることになり、人間本来の内的な力は弱まります。

コーヒーを飲みながら世間話をすると、何かを完全にこき下ろすまで、一つの対象に思考がとどまります。それは機知ではなく、コーヒーの作用なのです。

紅茶は正反対の作用を生じさせます。特に濃い紅茶を飲むと、思考は飛び散り、明るくなります。紅茶の強い作用は、機知ある思考、まばゆい思考を輝かせますが、その思考の個々の部分は軽々しいものになります。

コーヒーの力に援助された人は、一つの思考を別の思考へと精密に並べていきます。例えば、一日中カフェーで過ごす文学者のような人です。それは、よい面です。紅茶は、その反対です。コーヒーを飲みながら世間話をすると、コーヒーは悪い意味で論理的に作用します。紅茶の場合、思考はばらばらになります。ですから、紅茶が外交的な飲み物として好まれるのは、理由のないことではありません。

最後の例として、生活のなかで大きな役割を果たしているミルクを取り上げるのは、多くの人にとって興味深いことでしょう。ミルクは、肉その他の動物製品とはまったく異なったものです。ミルクは動物プロセス、つまりアストラル体（感受体）をとおして表現されるプロセスを、ごくわずかしか表現しません。ミルクは半分だけ動物製品なのであり、アストラル的な力を人間および動物の本性に関与させません。そのために、ミルクは非常に優れた食料の一つなのです。

肉食を完全にやめた場合に、すべてをアストラル体から遂行するだけの力を持たない人に、ミルクは適しています。純粋に外的な事実から、人体に必要なものすべてをミルクが含んでいることが洞察できます。唯一絶対のものではないとはいえ、人間の個人的特性から最も独立しているものがミルクなのです。ミルクによって虚弱な人体が支えられるだけではなく、頑丈な人体もミルクによって支えられます。「ある期間、ミルクで生活しよう」と決意してミルクを飲むとしましょう。そうすると、通常の力が自分の内に目覚めるだけではなく、通常の力を越えて、力が成長していきます。力が流れ込み、力が余るようになって、その力を治癒力として展開していけます。

人間は自分が持とうとする力を、まず得なくてはなりません。ある種の力を人間のなかで発展させる方策が、ここにあります。まじめに心魂的な治癒力を発展させようと思う人は、実際にそのような力をトレーニングできます。もちろん、「一つのものがすべてに通用するのではない」ということは、はっきりしています。個人個人によって、さまざまなケースがあるのは、言うまでもありません。人間は賢明な方法で人体を構築する可能性を有しており、自由で独立した内的な力の発展に寄与できます。このように私たちは精神科学をとおして、初めに触れたフォイエルバッハの「人間は食べたものから出来ている」という言葉にいたります。

内的な独立性を損なって、自分が「食べたものから出来ている存在」になってしまうような食べ方もできます。しかし人間は、自分が食べ物の奴隷にならないように食べるべきです。精神科学はそのための指針になりえます。私たちは正しくない食べ方によって、「食べたものから出来ている存在」になりやすくなります。

精神科学の認識に貫かれると、人間は自由に独立していようと努めるようになります。自分の食べるものが、自分の発展の妨げとならないように努めるのです。

知恵と健康

テラペウタイ

精神科学は実生活に作用し、人間に力と確かさを与えます。精神科学は物好きな人のためのものではありません。活動的であろうとする人、生活のなかで力強く協同しようとする人のためのものです。

精神科学は、あらゆる時代に存在しました。精神科学が育成されたサークルでは、「人間は悟性の力を超えて、通常の生活におけるよりも高い精神力へと発展できる」と、常に語られてきました。そこでは、神聖さ、救い、平安が感じられました。聖霊は健全な霊です。聖霊は世界に救いを広めるために、人間の心魂のなかに入り込みます。

しかし、まさにこの観点から、精神科学はしばしば誤解されます。精神科学は人間を、有限で利己的な知識と努力の目標から宇宙的な観点へ、個人と宇宙の結合へと導きます。けれども、そのようにして精神科学が与える高次の力は、多くの人々を引き付け、利己的な努力を刺激します。精神科学は、人々を個人的な要件から引き出すものであるはずなのに、しばしば利己主義に仕えるものにされるのです。人々はきょうあすにも、自分の利己的な望みを精神科学によって叶えたいと思うのです。

アフリカの同胞団、テラペウタイ（テラペウス教団、テラピスト教団）にも精神科学がありました。同じセクトが、キリスト教が発生した地方では、エッセネ派教団と呼ばれていました。「テラピスト（セラピスト）」という名称が、すでに精神と健康との関係を示しています。精神的な手段によって、物質的な科学と結び付いた形でテラペウタイあるいはエッセネ派教団は治療しました。

精神科学を受け入れる者は、本当の薬を受け取るのです。精神科学は生命の妙薬です。精神科学は議論や論理的根拠によって証明されるのではなく、生活のなかに導入されるものなのです。精神科学の影響を受ける人々は健康に、健全になります。単に「輪廻と業（カルマ）がある」と演説するだけのものは、精神科学とは言えません。私たちは日々刻々、精神科学のなかに生きなくてはなりません。心魂が精神科学に浸透され、何が生じるかを静かに待たねばなりません。そうしたら、精神科学の作用が分かります。

苦しいとき、嬉しいとき、帰依するとき、高揚するとき、人生が引きちぎられるように脅かされるとき、精神科学を、養分を与える思考、種子となる思考として自分の内に有することが大事です。精神科学が労働と力と希望への意欲をもたらすと感じる人が、精神科学を正しく理解しているのです。ゲーテの言葉「〈何を〉と考えるよりも、〈いかに〉と考えよ」(『ファウスト』第二部第二幕「実験室」)が、ここでも通用します。

精神科学は、個々人の要件にならなくてはなりません。精神科学的に努力する人間は、星々を見上げて、全宇宙を脈々と流れる生命の法則にしたがって天体を理解します。朝、太陽が荘厳に昇り、宵に月が静かな華麗さで昇るとき、また、雲が天空を過ぎゆくとき、天空の経過は心魂的—精神的な宇宙生命を表現しています。顔の表情、あるいは手の動きを、人間内部の心魂的—精神的ないとなみの表現と見なすのと同じです。私たちは過去を振り返り、物質界における精神界の作用を見て、自分の感覚を精神へと高めます。精神を吸い込み、精神とともに健康な生命を吸収します。しかし安寧は、まだはるか彼方にあります。

「無限への高揚が健康の基盤となる」と、多くの人が言います。しかし、そのようにすると、単に抽象的—一般的な思考のなかにしか深まっていけません。それは本当の精神科学ではありません。本当の精神科学は、個々のケースを取り扱います。私たちが忍耐と愛をもって各々の植物、各々の岩石を取り扱うことを要求します。私たちは、魔法によって精神世界を探求しようとは思いません。精神世界は存在します。しかし私たちは、感覚世界から離れて精神世界を探求すべきではありません。私たちが日々勤勉に仕事をしている場に、精神世界を探求すべきです。このようにして、精神科学は個人的な要件になります。

知恵と科学

音楽作品や美術作品を理解しない人がいるように、多くの人々が精神を理解しません。多くの人が幽霊現象をどう思い描くかを、つぎのような例で説明できます。

ある小さな町で、夕方に不思議な光が墓地に入っていくのが見えました。この光のことが、町中で話題になりました。そして、「自然現象だ」と説明できなかったので、「幽霊が現われたのにちがいない」と思われました。ところが、多くの人々がその光を見たので、「その幽霊は疑わしい」と思われました。本当の霊を見るためには、ある種の霊的な感覚と能力を発達させねばなりません。今日では、霊的感覚は稀にしか働きません。多くの人々が光を見たということが、その光が幽霊ではないことの最良の証明になっています。事情は、まもなく明らかになりました。ある婦人が毎晩、カンテラを持って犬の散歩をしていたのです。その晩は、たまたまカンテラの光が人々の目にとまったのでした。私たちは、このような憶測の幽霊現象を探求するべきではありません。私たちにとっては、日常の現象が最も重要な「霊」の現われなのです。

知恵は単なる科学ではありません。しかし、知恵はみずからの内に科学を含んでいなくてはなりません。知恵は生活のなかに入ってきた科学であり、いつでも決意、行為になりうる科学です。単に法則を知っているのが科学者です。いつでも知識から何かを成し遂げることができるのが賢者です。知恵は科学の結実です。私たちは、いちいち法則を参照するのではなく、その法則に貫かれ、その法則が私たちのなかで力と化すまでに徹底しなくてはなりません。

ゲーテは個々の植物を正確に考察して、「原植物」という理念にいたりました。それは精神的直観による形象であり、私たちのなかに生きうる植物のイメージです。このイメージにしたがって、人間はまだ存在していない無数の植物を発明できます。賢者のなかで、法則は個々のものから解き放たれて、永遠のなかに生きるようになります。それがイマジネーション、イメージ的表象と呼ばれるものです。抽象的な思考と概念は、科学ではありえますが、知恵ではありません。もしゲーテが概念に立ち止まっていたなら、原植物を見出せなかったでしょう。ほかの植物に類似させることなしに、原植物の根、茎、葉、実を、いきいきと思い浮かべなくてはなりません。

これはファンタジーの遊びではありません。ファンタジーはイマジネーションの影絵にすぎません。しかし、ファンタジーはイマジネーションへと高まることができます。まだイマジネーションの世界には到達できませんが、ファンタジーはイマジネーションへと高まることが可能です。降り注ぐ光を像や色彩表象に置き換えることができなければ、私たちの周囲は暗いものだったでしょう。そのように、私たちは目のなかだけでなく、心魂のなかにも、対象を具象化する力を発展させねばなりません。

「曖昧な霊の示現を待たねばならない」と信じている人は、この作業を理解していません。光が降り注ぐときに目が働くように、心魂は働かねばなりません。心魂の働きなしには、決して精神世界に入り込むことはできません。心魂のなかにイメージを形成しなくてはなりません。それが利己的な願望のイメージでなければ、客観性は保たれます。

パラケルスス

自分の心魂を精神世界に向けて差し出すとき、精神世界がその人のなかに流れ込んで、その人を健康にする働きをします。イマジネーション、イメージは人を健康にする働きをするのです。精神科学の概念を、単なる線描ではなく、生命と色彩と音響を有するイメージにすることができて、全世界がそのような一個のイメージになると、この知恵は人生のあらゆる領域において薬となります。私たち自身にとってだけでなく、全世界にとって薬になります。最初はイメージが誤っていても、それは害にはなりません。そのイメージは、私たちを導くものによって訂正されていきます。

そのような賢者の一人が、医者にして錬金術師のパラケルスス（一四九三／四―一五四一年）です。彼はあらゆることがらに通じ、それを生命的な力に変えました。彼は個々の植物が語る言葉を理解できました。植物は彼に何を語ったのでしょう。植物は、知恵とは何かを、彼に明かしたのです。ある意味で、動物は賢者です。動物の本能のなかに知恵が存在しています。しかし、動物は個体的な心魂ではなく、「群の心魂」を持っています。群の心魂は外から、霊的存在のように働きかけます。たがいに血液を混ぜても無害な動物たちは、一つの共通の心魂、群の心魂を持っています。

このように外から働く心魂の知恵が、人間のなかで個体化されました。人間はだれもが自分自身の、内から働く個体的な心魂を持っています。しかし、そのために人間は、確固とした存在の基盤を失わなくてはなりませんでした。不確かさは科学の特徴なのです。人間生活は、試み、選択、探求、手探りの連続です。

しかし、それはより高い進化をもたらします。さまざまな試みをとおして人間が苦労して獲得する知識は、ふたたび知恵になりうるのです。いきいきしたものを、色彩と音響と光に満ちたイマジネーションに鋳《い》なおすと、人間は賢者になります。パラケルススはそれを行なったのです。そのように、彼はあらゆる植物、あらゆる化学元素に向き合いました。

動物が「何が自分にとって治療的か」を直感的に知っているように、パラケルススも植物の治癒力を直接認識しました。無意識的、本能的にではなく、意識的な知恵に満たされて、その植物がどの病気に効くかを理解したのです。この意味で、テラペウタイやエッセネ派教団の人々は賢者でありました。

これは実験によって認識できるものではありません。知恵がイマジネーションになったときに認識できるものです。心魂のなかに生きる植物のイメージに、「私はその病気に効く」と、植物自身が話しかけるのです。植物は、自分を見ている人の心魂のなかの自分のイメージを認識して、自分のイメージを変化させます。こうして人間は、その植物がどの病気に効くのかを直接的に知覚します。

精神科学は本物の科学に、何も反対しません。本当に精神科学的に努力する人間は、自然科学の成果を知ろうと努めます。しかし、そこにとどまらずに、知識を創造的で知恵に満ちた認識へと高めます。

イメージの力

人間の本質は肉体、エーテル体（生命体）、アストラル体（感受体）、自我から構成されていることを、私たちは知っています。通常の知識はアストラル体までしか突き進まず、アストラル体の一部になります。イマジネーションはエーテル体にまで突き進み、生命的精神によって生命体を満たし、人間をいきいきとした治療家にします。抽象的な概念に対してイマジネーションの作用がどれほど大きいかは、その悪い作用において最もよく認識できます。

自分の兄が脚を切断される場に居合わせた弟がいました。骨を切るときに、独特の音がしました。そのとき、弟は兄が手術されているのと同じ脚の部分に激しい痛みを感じました。その後、兄が何も感じなくなったのに、弟は長いあいだ痛みから逃れられませんでした。骨が切断される音が、イマジネーション的にエーテル体のなかに刻み込まれ、痛みを呼び起こしたのです。

この分野で、ベルンの医者が興味深い実験をしました。彼は普通の蹄鉄に、電気機器の導線と同じ針金を二本、固定しました。やってきた人たちは、その蹄鉄が電気機器につながっているのだと思って、蹄鉄に触れると実際に電流を感じました。そのうえ多くの人が、「蹄鉄に触れたときに恐ろしい痛みを感じた」と、言いました。そこに置かれた装置全体が、イメージ的に作用したのです。

人を言葉だけで、信じ込ませることはできません。普通のパンを丸めて作った丸薬で儲ける人々がいます。その「丸薬」はあらゆる病気を治し、特に睡眠薬として使われました。ある療養所で、ある婦人が毎晩この丸薬を飲んでいました。この丸薬を飲むと、彼女はすぐに眠りました。ある晩、彼女は自殺しようと思って、その丸薬を大量に飲みました。それに気づいた医者たちは大混乱しました。その婦人が、瀕死の容体を示していたからです。ただ、その丸薬を処方した医師だけは落ち着いていました。

人間は知識を、いきいきとした概念へと形成する力を持たなくてはなりません。催眠術の作用も、ここに由来しているのです。催眠術においては、アストラル体（感受体）が締め出され、催眠術師はイメージをとおして直接エーテル体（生命体）に働きかけます。しかし、これは病的なプロセスです。

私たちが作るイメージは、エーテル体に刻印されます。そして、精神世界からイメージを受け取ると、あらゆる病気が精神的な世界の力によって根絶されます。つまり、宇宙の流れによって均衡・調和がもたらされるのです。

病気と治療

あらゆる病気が利己主義から発しています。そのような病気の経過において、私たちは通常の表象のいとなみを超えます。通常の表象はたそがれていきます。その状態は、例えば睡眠中に時々生じます。そのとき、アストラル体は自我とともに、肉体およびエーテル体から離れて、地球の霊と結び付きます。そこからアストラル体は、エーテル体を健康にする働きかけをします。アストラル体は、健康をもたらすイメージをエーテル体に刻印するのです。しかし、それは無意識に行なわれます。高次の進化を遂げた者だけが、それを意識的に行なうのです。「すべての背後に永遠のイデアが存在する」と、プラトンは語りました。透視者は、あらゆる植物のなかに霊的存在を見ます。植物の形態そのものが、そのような霊的イメージから構築されているのです。人間はこのイメージを受け取ることによって創造的になれます。動物と人間のみが――本来は人間のみが――病気になるのです。霊的なものであるイメージは、全自然のなかで活動しています。私たち人間は自分のなかに霊を受け入れ、精神をふたたび生命へと高めなければなりません。

イマジネーション的な知恵が、健康をもたらします。イメージとなって、実り豊かな働きをするのは知恵です。精神がイマジネーションを創造します。そのような知恵を私たちに提供する精神科学が、最もよく病気を治療することができます。何よりも、まだ現われていない病気をよく予防します。その経過をコントロールするのは、もちろん困難です。しかし、精神科学は人間を若返らせる力を有し、人間を元気に、若々しく保ちます。知恵は人間に生命力を注ぎます。若々しい力は、人間を元気に、新鮮にするものです。

そのような知恵が、心魂を開放していきます。知恵は愛の種子です。人は愛を説教することはできません。テラペウタイとエッセネ派教団は、最も同情と愛に満ちていました。知恵は人間の心魂を暖め、愛を注ぎ出します。ですから、そのような賢者たちが手を病人の上に置いて病気を癒《いや》せたことに驚く必要はありません。知恵は愛の力を手足に流します。キリストは最も知恵ある者だったので、治療家でもあったのです。彼から愛と同情が流れ出し、それのみが役立ったのです。

だれかが脚を折って道路に倒れているとき、愛情に満ちた人々がその人のまわりに立っていても、その人を助けることはできません。しかし、骨折の治療法を知っている医者がやってきて、知恵によって同情を行為へと移すことができると、骨を折った人は助けられます。ものごとを認識し、何かをできる能力を持った賢者であることが、人を助けるために必要な基盤なのです。

かつて賢明な存在者たちが知恵を注ぎ出したので、世界には常に知恵が存在しています。知恵は頂点にいたると、すべてを包括する愛になります。愛が未来の世界で、私たちを照らすことでしょう。知恵は愛の母なのです。知恵に満ちた精神は、偉大な治療家です。ですから、キリストつまり愛は、聖霊つまり治療する霊から生まれたのです。

心魂の調和を築く五つの方法

思考の訓練

精神の発展の基盤とならねばならない条件について、これから述べます。これから述べる条件を満たさずに、何らかの方策によって外的な生活もしくは内面のいとなみを発展できる、と考えるべきではありません。これから述べる条件に沿って生活に規則を与えないと、瞑想や集中その他の修行は無価値になります。それどころか、ある意味で有害にさえなります。外から、人に力を与えることはできません。その人のなかにすでに存在しているものを発展させられるだけです。外的な妨害と内的な妨害があるので、力が自然に発展することはありません。外的な妨害は、これから述べる生活規則によって取り除かれます。内的な妨害は、瞑想と集中についての特別の示唆を考慮することによって取り除かれます。

最初の条件は、完全に明瞭な思考を身に付けることです。この目的のために、一日のごく短い時間、約五分間でも――長ければ長いほどよいのですが――思考内容の揺らぎから離れなくてはなりません。自分の思考世界の主導権を握らねばなりません。もし外的な状況、職業、伝統、社会状況、民族性、業務などが、何をどのように考えるかに影響を与えるなら、その人が思考の主導権を握っているとは言えません。

一日五分間でも、まったく自由な意志によって、通常の日常的な思考内容を心魂から取り除きます。そして、自分の発意によって、思考内容を自分の心魂の中心に据えなくてはなりません。「特別に興味深い思考内容でなくてはならない」と、思う必要はありません。それどころか、初めにできるだけ面白くなく無意味な思考内容を選ぶように努めると、精神に関しては大きな成果が得られるのです。そのようにすると、独立した思考の力が刺激されます。一方、興味深い思考内容の場合、人はその思考内容自体に夢中になります。このような事情で、ナポレオンに取り組むよりも、一本のピンを取り上げて思考するほうがいいのです。「いま私はこの思考内容から出発する。そして私自身の発意によって、その思考内容と結び付くものを、事実に即して並べていく」と、思うのです。その思考内容は初めから終わりまで、いきいきと心魂を経過していくべきです。

この練習を毎日、少なくとも一カ月間やりとおします。毎日、新しい思考内容に取り組んでもよいし、一つの思考内容に何日も取り組むこともできます。

この練習の終わりに、自分の心魂に注意を向けます。そして、そこに見出される安定と確実さの感情を、意識化してみます。頭と背中の中央（脳と脊髄）に思いを向けて、安定と確実さの感情を、そこに注ぎ込みます。

意志の訓練

いま述べたように約一カ月修練したら、第二の課題を付け加えます。通常の生活では決して行なわないような行為を、考え出します。そして、その行為を毎日行なうのを義務にします。毎日、可能なかぎり長い時間をかけて遂行される行為を選ぶとよいでしょう。

無意味な行為を、自分の義務として試みるのです。例えば、一日の決まった時刻に、買ってきた花に水をやります。しばらく経ったら、その行為に、第二の行為を付け加えるべきです。さらに後には、第三の行為を付け加えます。実行可能なだけ、義務を付け加えていきます。この練習も一カ月続けます。

二カ月目に意志の訓練を行なっているあいだ、できるかぎり思考の訓練も義務とすべきです。思考の訓練には、第一カ月目におけるほど専念しないとしても、気にかけるべきです。気にかけないと、一カ月目の成果がすぐに失われて、支離滅裂な思考が再開します。ひとたび獲得した成果を失わないように、よく配慮しなくてはなりません。

意志の訓練をとおして自発的な行為を行なっていると、内的な活動衝動という感情が心魂のなかで自覚されます。そして、この感情が自分の体にも注ぎ、頭から心臓の上へと流れていきます。

平静さの訓練

三カ月目は、楽しみと苦悩、喜びと苦痛に直面して生じる動揺に対して、平静でいるという新しい訓練を、生活の中心に据えます。「天に昇るような歓喜と死ぬほどの憂愁」に代わって、冷静な気分を保つべきなのです。喜びを抑制でき、苦痛に打ちのめされず、度外れの怒りに狂わず、期待や不安や恐れに圧倒されず、どんな状況でも取り乱さないようにします。

そのような訓練は自分を味気なくし、生気を乏しくするのではないか、と恐れることはありません。この訓練によって、浄化された心魂の特性が現われるのに、まもなく気づくことでしょう。何よりも、繊細な注意力によって、身体のなかに内的な安らぎを感じることができるようになります。その安らぎを、一カ月目および二カ月目と同様に、体のなかに注ぎます。その安らぎを、心臓から両手、両足、そして頭に輝かせます。一回一回の練習ののちに、そのように行なうのではありません。一回一回の練習が問題なのではなく、内的な心魂のいとなみに絶えざる注意を向けることが重要なのです。

毎日、少なくとも一度は、この内的な安らぎを心魂に呼び出して、その安らぎを心臓から流し出してみます。一カ月目の訓練を二カ月目にも続けるように、三カ月目にも一カ月目の思考の訓練と二カ月目の意志の訓練を続けます。

肯定的態度

四カ月目には、新しい訓練として、「肯定的な態度」の練習を始めるべきです。あらゆる経験、存在、事物に対して、それらの善いところ、優れたところ、美しいところを探し出す練習です。

この心魂の特性は、イエス・キリストに関するペルシアの伝説に、最もよく述べられています。イエスが弟子たちとともに歩いているとき、彼らは道端に腐敗した犬の死体を見ました。弟子たちはみな、嫌な光景から目を背けました。ただイエス・キリストだけが立ち止まって、感慨深く、その犬を見つめました。そして、「なんて美しい歯だろう」と、言いました。ほかの者たちが醜いもの、嫌なものを見たのに対して、イエスは美しいものを探したのです。

このように、秘教の学徒はあらゆる現象、あらゆる存在のなかに肯定的なものを探そうと努めなくてはなりません。そうすると、醜い覆いの下に美しいものが隠されていたり、罪悪の覆いの下に善が隠されていたり、狂気の覆いの下に神的な心魂が隠されているのを、認めるようになるでしょう。この練習は、「批判の放棄」といくらか関連しています。しかし、白いものを黒いと言い、黒いものを白いと言うかのように理解してはなりません。単に自分個人から発する判断は、個人的な共感と反感の色を帯びています。

そのような判断ではなく、愛情を持って、見知らぬ現象、あるいは見知らぬ存在のなかに自己移入してみます。そして、「この人は、どのようにしてこうなったのか。どのようにして、こうするにいたったのか」と思ってみます。このような見方をすると、不完全なものを単に非難したり批判したりするよりも、その人を助けようと努めるようになります。

生活状況に対して異議を唱えたり、人々を非難して裁くことを、この練習中はやめます。そのようなことをすると、正しい神秘的修行を行なえない生活状態に陥るからです。神秘学的な修行を不可能にする生活状態がたくさんあります。ですから、そのような生活状態にありながら、心魂―精神の進歩を、性急に要求すべきではありません。進歩は一定の条件下にのみ可能なのです。

一カ月間、あらゆる経験に際して、肯定的な側面に意識的に目を向けるようにします。そうすると、自分の表皮が透明になって、以前はまったく注意しなかった、秘密の精妙な経過に心魂が開かれるような感情が生じてきます。精妙なことがらに対する不注意を克服することが大事なのです。そのような感情が「浄福」のごとく心魂のなかで作用するのに気づいたら、思考のなかで、この感情を心臓に導きます。そして、そこから両目に流れさせ、さらに自分の前および周囲の空間に流そうと試みます。そうすることによって、空間と内密な関係が得られます。自分が自分を越えて、成長するかのようです。自分の周囲の一部を、自分自身に属するもののように考察できます。

この練習には高度の集中力が必要です。何よりも、荒れ狂ったもの、情念、激情が、先に述べた気分を破壊するという事実を、承認する必要があります。ここでも、一カ月目からの訓練を繰り返すことによって、先に示唆した成果が得られます。

先入観を捨てる

五カ月目には、新しい経験に対して、先入観にとらわれずに立ち向かうようにします。「そんなことは聞いたことがない。そんなものは見たことがない。そんなことは信じない。それは間違いだ」と言うとき、何が私たちに生じるのでしょうか。このような心魂のあり方を、秘教の学徒は捨てなくてはなりません。いかなる瞬間にも、まったく新しい経験を受け入れる用意ができていなくてはなりません。いままで理に適っていると認識したもの、ありうべきことと思われたことが、新しい真実を受け入れるときに束縛になってはいけません。

極端な例ですが、だれかが秘教の学徒のところに来て、「君、X教会の塔が今夜、すっかり傾いてしまったよ」と、言ったとします。秘教家は、そのような前代未聞の事件によって、自然法則に関する自分の知識が広がるかもしれぬと、信用してみる余地を残しておくべきなのです。

五カ月目に、そのような心魂の持ち方を心がけます。そうすると、四カ月目の訓練のときと同様、空間のなかで何かが生命を得て活動するかのような感情が、心魂のなかに入り込むのに気づくでしょう。この感情は非常に繊細で微妙なものです。この微妙な震えを、注意深く周囲に把握します。それを五感、特に目、耳、そして熱感覚を含む皮膚をとおして流れ込ませようとしてみます。秘教的発展のこの段階では、低次の感覚、味覚、嗅覚、触覚の活動には注意を向けません。この段階では、よい印象の混ざった、無数の悪い印象を識別することが、まだ完全に可能ではありません。ですから、それは後の段階に委ねます。

五つの特性の調和

六カ月目には、五つの訓練すべてを組織的、規則的に交替に繰り返して行ないます。そのようにして、心魂の美しい均衡が形成されていきます。特に、世界の現象と存在に対して持っていた不満が、消え去っていきます。無頓着にならずに、実際に世界を改善し、前進させるための活動が可能な心魂が、もろもろの体験を融和する気分をとおして出来ていきます。かつては心魂から閉め出されていた、事物に対する静かな理解が可能になります。

これらの訓練の影響で、自分の歩みや仕草も変化します。さらに、自分の筆跡が別の性格を帯びるのに、いつか気づきます。そうなると、自分が心魂的—精神的な発展の途上で、最初の段階に到達したと思っていいのです。

以上の訓練が、神秘的な修練から生じうる有害な影響を無力にし、有益なものだけをとどまらせます。そして、これらの訓練のみが、瞑想と集中から肯定的な成果が生まれてくるのを保証します。

秘教家は、普通の道徳を良心的に満たすだけでは不十分です。「私はよい人だと思われたいから、善良であろう」と思うなら、その道徳は非常に利己主義的なものになります。秘教家は、人から「善人だ」と思われるために、よいことを行なうのではありません。善が進化を導き、悪と愚と醜が進化の妨げとなることを認識するので、よいことを行なうのです。

人体のリズム

自我のリズム

公開講演「精神科学の観点から見た迷信」（一九〇九年一月十四日、ベルリン。『どこで、いかに霊を見出すか』所収）において、「ある種の病気（肺炎など）が七日目に危機を示すのは事実だ。迷信ではない」と、私は語りました。七日目に現われるこの危機を患者が切り抜けるように、医者は考慮しなければなりません。このことは今日、理性的な医者たちに承認されています。しかし、その原因を医者たちは探究できません。事物の原因が精神的なもののなかに存在することを、彼らは予感していないからです。まず、肺炎において示される「七」という数の不思議について、注目すべき事実を述べましょう。

人間はさまざまな事実を理解する可能性を提供する、と言うことができます。人間は四つの部分、すなわち肉体、エーテル体（生命体）、アストラル体（感受体）、自我から構築されていると理解するときにのみ、人間を正確に認識できます。この四つの部分は、じつに多様な関連を有し、また相互に依存しています。それぞれの部分が他の部分に働きかけ、たがいに関連して作用しています。この協同は非常に込み入っています。私たちはこの関連を、非常にゆっくりと、徐々に知っていくことになります。

これらの部分と、宇宙の諸力、経過、存在たちとの関係も同様です。人間は自分の構成要素すべてをとおして、宇宙との絶えざる結び付き、相互の結び付きを保っています。私たちの肉体、エーテル体などは、たがいに関連しており、周囲に広がる宇宙全体とも関連しています。私たちの内にあるものは、ある意味で私たちの外にもあるからです。

「私たちはこの関連を、起きている人間と眠っている人間を考察するときに、最もよく認識する」と、言えます。人間が眠っていると、ベッドには肉体とエーテル体があり、アストラル体と自我は外にあります。しかし、これは不正確な言い方です。多くの事柄は不正確な言い方で事足りるのですが、きょうはもっと正確にこの関係を探究しましょう。

睡眠中、アストラル体と自我は肉体のなかで活動していません。しかし、神経系と血液系をともなう肉体およびエーテル体は、アストラル体および曲がりなりにも形成された自我に浸透されていなければ、存続が不可能です。エーテル体は、高次の存在たちに浸透されていなければ存続できないでしょう。人間のアストラル体と自我が外に出ているときには、アストラル体ル体が活動しているにちがいありません。

と自我の活動が補充されねばなりません。自我とアストラル体が内に活動していなければ、人体は横たわっていることができません。ですから、眠っている人間のなかでも自我とアストラル体が活動しているにちがいありません。

　正確に語るなら、「眠っている人体のなかで活動している神的な自我とアストラル体は、昼間も人間のなかにある。人間のアストラル体と自我によって、完全に損なわれている。ただ、その活動は人間自身のアストラル体と自我の活動は、高次の存在たちの活動を無に帰す」と、言わなくてはならないでしょう。昼間、目覚めている人間のなかに存在する自我を表象しようとするなら、「人間の自我は、目覚めているときは人体のなかにある。自我は日中、みずからの活動によって、包括的な自我から活動領域を取り上げる」と、思わなくてはなりません。この制限された自我は、眠りのなかで何を行なうのでしょうか。「昼間、大きな宇宙自我から解放されて人体のなかで独力で生きる自我は、夜間は宇宙自我のなかに沈む」と、言うことができます。

　日中の自我が夜間に宇宙自我のなかに沈むことによって、宇宙自我は妨げなく活動でき、日中の自我が溜め込んだ疲労を取り除けるのです。日中の自我が夜、宇宙自我のなかに沈むことによって、包括的なかたちで夜間の自我が存在しうるのです。

　日中の自我と夜間の自我の関係をイメージによって思い描こうとするなら、つぎのように表象できます。日中の自我は一つの円を描いており、その円の大部分は大きな宇宙的自我の外に運び出されています。反対に夜は、大きな宇宙自我のなかに沈んでいます。日中の自我は（例えば十六時間）夜間の自我の外にあり、残りの八時間は夜間の自我のなかに沈潜します。

私がいま述べたことを真剣に受け取ると、みなさんの自我は目覚めている十六時間のあいだ、決して同じものにとどまらないということが理解できます。その時間のあいだ、自我は絶えず変化します。自我は円の一部を描き、夜になると宇宙に沈潜します。夜のあいだも自我は変化していくのですが、普通の人間はそのことに気づきません。この変化はますます無意識的になり、それから自我は、ふたたびゆっくりと意識を持つようになります。ですから、「人間の自我は二十四時間、絶えず変化している」と、言わなくてはなりません。象徴的に言えば、自我は円を描いており、夜間には大きな宇宙自我のなかに沈みます。

アストラル体のリズム

まったく同じ方法で、人間のアストラル体（感受体）は変化していきます。アストラル体の変化を象徴的に表象するには、一つの回転を思い浮かべねばなりません。アストラル体についても、その変化に関しては、宇宙アストラル体のなかへの沈潜について語らなくてはなりません。昔の人間は宇宙アストラル体への沈潜に気づいていたのに、今日の人間はもはや気づいていません。かつて人間は、あるときには独自のアストラル的な感情、別のときにはまったく別の感情を、交替に感じていました。人間はあるときには、自分の周囲の外界をいきいきと感じ、別のときには自分独自の内面を感じました。そのように、アストラル体の感受のなかのさまざまなニュアンスを知覚できました。

アストラル体は七日、つまり「二十四時間×七」の経過のなかで、リズミカルな変化を通過しています。その変化は一つの循環に譬《たと》えられます。自我は二十四時間でリズミカルに変化しており、その変化は今日でも目覚めと眠りの交替に表現されています。アストラル体は「二十四時間×七」で変化しています。そのようなリズミカルな変化を、原初の人間はいきいきと現わしていました。

アストラル体のなかには、七日で経過するリズミカルな変化が生じています。八日目から、そのリズムが繰り返されます。人間がこのリズムを通過する時間の一部において、アストラル体は普遍的な宇宙アストラル体のなかに浸っています。それ以外は、アストラル体は宇宙アストラル体の外にあります。そこから、「眠っている人間のなかに普遍的なアストラル体および普遍的な自我として現われるものが、人間の生活に大きな意味を持っている」と、思い描くことができます。

夜のあいだに人間が沈潜する宇宙的自我、夜のあいだ血液を脈打たせる神的自我が、眠っている人間の体のなかで活動するのです。昼間に眠るときにも、人間はこの普遍的な自我のなかに沈潜します。そして、そうすることをとおして、人間は自分のリズムのなかに、ある不規則を持ち込みます。その不規則は、かつては破壊的に作用したかもしれないのですが、今日ではもはやそんなに破壊的ではありません。というのは、現在、人間の生活はこの点で著しく変化したからです。睡眠中に肉体とエーテル体（生命体）に浸透する普遍的な宇宙アストラル体のなかに、人間のアストラル体は七日間、本当に沈み込むのです。そうして、内的な感情と感受が変化します。この変化は今日ではほとんど注意されませんが、以前は気にしないでいることはできませんでした。

エーテル体のリズム・肉体のリズム

自我とアストラル体（感受体）だけでなく、エーテル体（生命体）も一定のリズムで変化します。象徴的な語り方をすれば、人間のエーテル体は「七日×四」で自転しています。そして「七日×四」を経ると、第一日目の経過に戻ります。一定のリズムが、「七日×四」で演じられます。すべてを理解すべきなら、詳細に語らねばならないでしょう。いままで何度か、「男性のエーテル体は女性的であり、女性のエーテル体は男性的である」と、話してきました（例えば、『薔薇十字会の神智学』『薔薇十字の秘教と神智学』『エジプトの神話と密儀』『キリスト衝動と自我意識の発達』『エーテル界におけるキリストの出現』参照)。男性のエーテル体と女性のエーテル体では、リズムが同じではありません。しかし、きょうは詳しく論じることはやめておきましょう。「男性と女性では異なるものの、およそ七日×四のリズムがある」とだけ述べておきます。

まだ、それで終わりではありません。現代人にはありえないことのように思われるでしょうが、肉体のなかでも一定の経過がリズミカルに繰り返されています。今日では、人間が自然の経過から自立するべきなので、その経過はほとんど曖昧になっていますが、天眼を有する観察者はその経過に気づきます。

肉体だけを放置すると、そのリズムは女性においては「七日×四×十」、男性では「七日×四×十二」で経過します。今日でも肉体をリズムに委ねると、このように経過します。かつては、実際このようであったのですが、人間は自分を取り囲む宇宙の経過から自由になってきました。

このように、人間存在の四つの部分にはリズミカルな経過があります。四つのリズムそれぞれを「循環」のように思い描くこともできます。今日では、例えば肉体をそれ自身に委ねたときに、リズムとして人間の肉体のなかで遂行されるものは、そのリズムに対応する外界の物質的な経過と、おおよそしか重なりません。というのは、人間が自由な存在になったために、人間のリズムにずれが生じて、宇宙との関係が変化したからです。

「七日×四×十」あるいは「七日×四×十二」という日数が、肉体のリズムになります。人間がこれだけの日数の経過のなかで「回転する」と考えると、肉体と宇宙の関係の変化が象徴的に思い浮かべられます。人間はあるときは日の当たる側の地表、あるときは夜の側の地表にいます。人間がいつも太陽に顔を向けていると考えると、一年で、自分のまわりを一度、同時に太陽のまわりを一度、回らねばなりません。ものごとを外的にのみ考察する人は、これをどうでもいいことと見なすでしょうが、これは非常に重要なことなのです。

リズムの起源

四つの体（肉体・エーテル体・アストラル体・自我）のなかで演じられるリズムは、遥かな過去に人間に植え付けられました。さまざまな体が重なって作用できるのは、さまざまな位階の神的存在者によって案配されたからです。私たちは高次の神的存在者のなかに埋まり込んでいます。物質空間と神霊空間をみずからの行為で貫く神的存在者の活動が、これらの関係をもたらしました。しかし、いま述べたことを考察すると、いままでにしばしば触れてきた思考内容の別面にいたります。

肉体のリズムは太古の「土星」において固定されはじめました。エーテル体の編成、つまりエーテル体と肉体のリズムが調和するのは、そのリズムが別の神々、太陽神たちによって作られたからです。あたかも時計の長針と短針の関係がリズムによって決まるように、さまざまなリズムの協同をとおして、ある関係が成立します。太古の「月」において、アストラル体のリズムが組み込まれました。

全宇宙に秩序を与えている神々は、外的な動きに相応しつつ、諸存在の内的な状態を形成しなくてはなりませんでした。物質的なものはすべて、これらの神々の表現なのです。今日、地球は一年で太陽のまわりを回っています。これは、物質的な状況が存在するはるか以前に、肉体に植え付けられたリズムに由来します。天界で、霊的なものによって空間が配置されたのです。月は地球のまわりを巡ります。月の循環は人間のエーテル体の循環、つまり「七日×四」に相応し、このリズムは月の動きに表現されます。月が太陽にさまざまに照らされることによって生じる四つの弦は、アストラル体のさまざまなリズムに相応します。地球の毎日の自転は、自我のリズムに相応します。

自我のリズムに関して、あらゆる神秘学において伝授されてきたものが明らかになります。それは、今日では空想的な夢想と思われていますが、じつは本当のことです。太古には、地球は地軸を中心に回転してはいませんでした。軸回転は、時間の経過のなかで発生したのです。人間が地上で、いまとは異なる状態にあったころ、軸回転はありませんでした。

最初に回転しはじめたのは、地球ではなく人間でした。人間が仕える神々によって、自我は回転するように刺激されたのです。人間の自我は地球を道連れにし、地球を自転させました。地球の自転は、自我のリズムの結果なのです。驚くようなことですが、真実なのです。自我へと形成された人間の精神的な部分が、自転の衝動を得たのです。そして、人間の精神的な部分は地球を道連れにしていきました。

のちには、その状態が変化しました。人間は地上で自由になりました。状況は変化し、人間は周囲の宇宙的な力から自由になりました。しかし、もともとは、いま述べたとおりだったのです。私たちの周囲にある物質はすべて、本来、神々から流出したものなのです。神的なものが、いつも最初です。神々から、世界のあらゆる位置関係が流出したのです。

病気の経過

七日間で循環を終えるアストラル体（感受体）のことを、一度考えてみてください。いかに病気がアストラル体の不規則に関連しているか、考えてみてください。つまりアストラル体の不規則が、エーテル体（生命体）をとおして肉体にまで影響するのです。アストラル体の内になんらかの損傷があるとしましょう。その損傷をとおして、アストラル体はエーテル体に働きかけます。そして、その損傷は肉体にまで影響します。肉体も損傷を負うのです。

生体はその損傷に反抗し、防御力を用います。この反抗が通常、熱なのです。熱は、人間のなかの治癒力の呼び声なのです。熱は病気ではありません。損傷を直すために、人間が自分の生体全体から力を呼び集めているのです。損傷に対する生体全体の反抗は、一般的に熱として表現されます。病気において、熱は最も慈善的で、最も治療的です。損傷を受けた個々の部分は、みずから治癒できず、他の側から力を得なくてはなりません。それが熱として表現されるのです。

「この熱が肺炎のときに現われた」と、考えてみてください。肺は何らかの原因によって傷みます。肺が何らかの損傷を負うとき、まずアストラル体が損傷を受け、ついでその損傷がエーテル体をとおして肉体に移行します。肺炎の場合、原因は常にアストラル体にあります。別の方法で肺炎になることはありません。

アストラル体のリズムを考えてみましょう。肺炎が現われた日に、アストラル体は肉体に作用します。そうすると、熱をとおして体が反抗しはじめます。七日後、アストラル体とエーテル体は、ふたたび同じ位置関係にあります。両者がふたたび出会います。しかしアストラル体は、エーテル体の同じ場所に現われるのではありません。そのあいだにエーテル体も、みずからのリズムを通過したからです。アストラル体は、エーテル体のつぎの位置で出会います。その部分がアストラル体に刺激され、影響を受けます。すなわち、エーテル体の別の部分が、逆の方法で影響を受けるのです。いまや、熱が下がります。七日前にエーテル体の四分の一の部分に重なったアストラル体の部分が、いまやエーテル体のつぎの四分の一の部分に重なります。このようにして、七日前と逆の経過が引き起こされます。すなわち、熱に対する反作用です。この逆方向の身体のリズムが、熱をふたたび下げます。人体が存在する理由は、「健康であるため」だからです。それがリズムの目的です。

最初の七日間に、なんらかの作用が入り込みます。つぎの七日間に、その作用は離れ落ちねばなりません。健康人の場合、この上昇と下降が交互に現われます。しかし病気になると、熱が押さえられるとき、生命が危険にさらされます。健康人の場合、上昇プロセスが七日目に逆転します。しかし病人の場合は、上昇プロセスがとどまるべきなのです。激しい上昇は、激しい下降を引き起こします。これが、肺炎における七日目の危機の原因です。

リズムの変遷

月がすでに地球から分離し、みずからのリズムを形成する準備をしていた時代、一日のリズムが形成されはじめていた時代に肺が作り出されました。このことを考えに入れると、肺炎の経過を、よく洞察できます。今日でも、アストラル体（感受体）とエーテル体（生命体）のリズムは関連しているのです。

これらの関連を見通すと、精神科学によって人間の生命の異常状態をいかに判断できるかが分かります。精神科学は、人間の本性全体を認識します。ですから、精神科学の認識に貫かれるときに初めて、自然科学に豊かな実りがもたらされることでしょう。

かつて、地球進化のおよそ中心点まで、人間のリズムは自然のリズムとよく一致していました。太古のアトランティス時代半ば以降、ずれが生じてきました。人間の内面は、外界のリズムから独立しました。リズムが一致しなくなることをとおして、人間は独立と自由を獲得したのです。そうでなければ、人類史における自由の発展はなかったことでしょう。人間のリズムは太陽のリズムに、あるいは地球のリズムは太陽のリズムに先立っているのです。

他のリズム、たとえばアストラル体のリズムについても同様です。かつて人間は、七日目にまったく異なった気分を体験しました。しばらくのあいだ、外界の事物が人間に大きな印象を与えました。別の時期には、人間は自分の内面を体験しました。今日ではもはやリズムが一致していないので、人間が外界に喜びを感じているときにも、内的体験は存続していますし、その逆にもなっています。それらは互いに混ざり、補い合っています。そうしてアストラル体は、いわば均等に調節されます。アストラル的な生き方をしている人間を、繊細に観察すると、気分のなかにそのような揺れが知覚できます。心理病あるいは精神病に際して、アストラル体の多様な状態が証明されます。

自我のリズムは最も遅く発生しました。しかし、ここでも物事はすでに入り乱れて、ずれています。人間は昼間眠り、夜起きていることもできます。以前は、このリズムは常に外界のリズムと一致していました。人間が昼間に眠り、夜は起きていようとしたなら、太古のアトランティス時代には、非常に悪いことが生じたでしょう。人生全体が無秩序なものになったことでしょう。リズムは今日いくらかは残っていますが、外界のリズムから独立したものになりました。正確な時計は太陽時に合わせます。みなさんは正確に太陽時を読み取れます。しかし午後七時に、時計の針を十二時に合わせてみましょう。そうしても時計のリズムは正確なままですが、太陽時からずれます。

人間の場合も同様です。人間が宇宙と共有した太古のリズムは保持されました。ただ、そのリズムは、ずれたのです。人間ははるかな未来に、内的な進化によって、自分のリズムをふたたび世界のなかに送り出すべきです。自分のリズムによって太陽、月、地球を動かした神々がかつていました。人間も神的な段階に達したとき、自分のリズムを宇宙に流し出すことでしょう。

これが、人間のリズムが周囲から独立したことの意味です。ここから、私たちは占星学の基盤を予感できます。しかし、きょうはそのテーマには取り組みません。きょうは、精神科学が利己主義的な興味のための抽象的な理念の総体ではなく、最も日常的な生活状況まで照らし出すものであることを示したかったのです。私たちは外的な現象から、その背後にある根底へ赴こうとする意志を持つ必要があります。

リズムは精神によって物質に植え付けられました。人間は今日、リズムを自分の精神的な起源の相続物として、自分の内に担っています。もちろん、人間および自然存在のリズムは、本源的状態へ遡行したときにのみ洞察できます。すでに動物において、肉体、エーテル体、アストラル体、集団自我は、たがいにまったく異なった関係になっています。それぞれの動物の種類によって、異なったリズムがあります。肉体に関してはある程度同じリズムですが、エーテル体とアストラル体にはまったく別のリズムが経過しています。動物界は今日、外的な姿形によって分類されています。しかし、動物の属を、アストラル体のリズムとエーテル体のリズムの関係によって分類できるのです。

これらのリズムは決してはっきりと認識されない、とは思わないでください。人間がこれらのリズムについて鈍感になったのは、そんなに昔のことではありません。世界を見渡すと、それぞれの土地で使われている暦に、動物と土地の関係について何らかの規則が示されているのが分かります。かつて農夫は、農事暦のなかに見出されるリズムを観察して、農作業を行なっていました。農夫の知識には、そのようなリズムが秘められています。

十五、六世紀から、抽象の時代、外的な科学の時代になりました。もはや根拠を究明できない、科学の時代になったのです。特に、医学においてそうです。医学において私たちは、今日まだ手探りをしています。病理学と治療の堅固な土台は、太古に遡るものです。解熱鎮痛剤フェナセチンの試験がなされたとき、私は知性と感情の殉教を体験しました。道しるべもなく実験するのは、科学が精神とともに真面目さも失ったことを示しています。

真面目さは、精神的認識をとおして、ふたたび獲得されるでしょう。何が科学の戯画であり、本当に精神に基づいた認識がどこにあるかを、はっきりと区別しなくてはなりません。このことを肝に銘じると、精神科学の認識がいかに必要か、分かるでしょう。精神科学の認識が、知識と生活のあらゆる領域に入り込まねばならないことが分かります。

人生設計（一）

自己認識

古代ギリシアの密儀神殿《ミュステリエンテンペル》の言葉「汝自身を知れ」は、最も深い人間洞察への要求として、全人類に響いてきます。この言葉は、最も偉大な真理の一つを示しています。「正しい理解は、何か宇宙的な、壮大なことである」という、あらゆる偉大な真理の根本を表わしています。

しかし、この言葉は非常に容易に誤解されます。この言葉は本来、「人間は日常の自己を考察すべきだ」とか、「人間は全知識を自分自身のなかに見出すことができる」という意味ではないのです。この言葉が意味しているのは、「高次の自己を認識するように」という促しなのです。

人間の高次の自己は、どこに存在するのでしょうか。

どこに高次の自己が存在し、この言葉が何を意味するのかを、一つの譬《たと》えによって明らかにできます。私たちに目がなかったなら、私たちは光を知覚できません。しかし、空間中を流れる日光がまず目を作っていなかったなら、私たちには目がなかったことでしょう。低次の生物、目を持たず、まわりには闇しかなかった生物から、光が目を引き出したのです。ですからゲーテが、「目は光によって、光のために形成された」と言ったのには、深い根拠があるのです。

しかし目は、みずからを考察するためにあるのではありません。目の立場について語ろうとするなら、「目は自分を忘れて、自分を作った光を認識すればするほど、よく目的を達成する」と言わなくてはならないでしょう。人間が目の内部を見ることができれば、目の使命はもっとよく果たされたかもしれません。しかし、この内部を忘れて、この内部を作った「目の高次の自己」である光を認識するのが目の課題、目の使命なのです。

人間が通常の自己と呼ぶものは、これと同様の関係にあります。通常の自己も器官にほかなりません。この自己がみずからを忘れて、「外界にも霊光があり、その霊光が私たちの霊眼を作ったのであるし、いまも霊眼を作りつつある」と気づけば気づくほど、自己認識は高まっていきます。ですから、正しく理解すると、自己認識は自己発展を意味するのです。このことを、きょうのテーマである「高次の意味における自己認識」を考察しようとするときに、考えに入れなくてはなりません。

生まれてから死ぬまでの人間を考察し、人間の存在全体を考察してみましょう。その際、人間が物質世界に存在しはじめるときに、すでに何かを携えてきていることを忘れてはなりません。人間は、新たに作られたものとして生まれ出るのではなく、背後にいくつもの過去生を有しています。人間はそれらの過去生において、自分の基本的性格をすでに形成してきたのです。人間が生まれるときに何を携えてくるかを理解するために、死後の人間を考察しなくてはなりません。そうすると、人間が死から再受肉までのあいだに何を保管するかが明らかになり、それを生まれ変わるときに携えてくるのが明らかになります。

死後の生

人間が死ぬと何が起こるか、思い出してみましょう。人間は物質的な死体を、地上に残していきます。

睡眠中は、人間はベッドに肉体とエーテル体（生命体）を横たえ、アストラル体（感受体）と自我を外に取り出しています。レンガがおのずと集まって宮殿になるということがないように、物質的な諸力は内的な建築家としてエーテル体を必要とします。エーテル体は人間と結び付いており、生まれてから死ぬまで、物質的な素材と力に関係を有しています。エーテル体は絶え間なく、肉体という化学的混合物を腐敗から守っています。

死ぬと、エーテル体は肉体から抜け出て、肉体は腐敗していく死体として残されます。睡眠中は、快と苦の担い手、欲望と情念の担い手であるアストラル体と自我のみが肉体から抜け出ています。死ぬと、さらにエーテル体が肉体から離れて、エーテル体はしばらくのあいだ、アストラル体および自我と共にあります。死の直後は、人間にとって重要な瞬間です。

この瞬間、地上での人生の記憶すべてが稲妻のような早さで、大きな画像のように、人間の心魂のまえを過ぎ去っていきます。私たちは快と苦を、この瞬間には感じません。絵画で見ても、短刀で刺される痛さを感じないように、生前の画像を目にしても、痛み、苦しみ、快感、喜びを感じることはありません。それらは、私たちから抜け落ちています。客観的な観察者のごとく、私たちは過ぎ去った人生に向かい合います。

ついでエーテル体も外に引き出されて、世界を流れる宇宙エーテルのなかに解消されます。しかし、エーテル体から何かが残ります。いままでの人生全体から、エッセンスのごときものが残るのです。画像は失われ、消え去ります。しかし、私たちが一冊の本から抜き書きをするように、エッセンスのごとき何かが残ります。そして、それは以後の歩み全体をとおして人間とともにとどまります。

同時に、「このエーテル体のエッセンスのかたわらに、ごくわずかで、ひとつの力の点のようなものでしかないとしても、肉体のエッセンスもとどまる」ということを明らかにしておかなくてはなりません。肉眼で見えるものではなく、力の中心点のようなものです。それはエーテル体と結び付いており、肉体に人間的形姿を与えます。そのあと通過する状態において、人間は物質界との関係を次第に解いていきます。

死後の人間のアストラル体が、まだ存在しています。アストラル体がどのような生を送るかを明らかにするために、「人間が低次の享楽において体験するものすべてが、アストラル体に付着したままである」と、思い描きましょう。肉体そのものは、喜びや情欲を感じません。肉体はアストラル体の道具です。アストラル体が肉体をとおして、喜びや享楽を感じるのです。美食家は肉体で美味を享受するのではありません。肉体という道具が享受に使われ、アストラル体が享楽を感じるのです。

肉体を捨てたあとも、享受への激しい欲望が残ります。享受のための道具がなくなっているだけです。このことから、死後のアストラル体の性質を、みなさんは洞察できるでしょう。ある地方を、喉の渇きにあえぎつつ歩むようなものです。どこまで行っても水源がないので、渇きを癒せません。同様に、かつて有した欲望、享楽欲、情欲を、燃えるような渇きとしてアストラル体は感じます。享受を満たす身体器官がもはやないので、燃えるような渇きを感じるのです。ですから、さまざまな宗教が、人間が死後に通過しなくてはならない苦しみを、火のようなものとして描き出しているのです。

アストラル体は肉体との関連を断ち切るまで、欲界（煉獄）にとどまります。欲界でアストラル体は、肉体を有していたころに味わえたものから解放されねばなりません。すでにこの人生において欲情を浄化した人、食物の粗野な享受ではなく、美や芸術や精神的なものを喜ぶ人は、欲界にいる期間が短縮されます。肉体が提供するものにのみ満足する人は、燃えるような渇きの領域に長くとどまることになるでしょう。

ちょうどエーテル体と肉体が捨て去られたように、アストラル体のなかで人間がまだ精神化していないものすべてを、一種のアストラル死体として振るい落とすことによって、この状態は終了します。アストラル体を浄化することが少なければ少なかったほど、より多くを捨て去らねばなりません。ですから、アストラル体のなかで清められた部分を、肉体とエーテル体のエッセンスに付け加えることになります。

素質

この三つのエッセンスとともに、自我は本来の精神界におもむきます。そして精神界で自我は、地上の人生において体験し、獲得したものすべてを発展させます。ですから、偉大な素質を持って生まれてくる人、すでに幼児期に優れた素質を秘めている人がいるわけです。その素質を、私たちは取り出すのです。その人は精神界滞在中に、地上での経験を発展させて、能力と素質に変化させたのです。

生まれ変わるたびに、人間は人生の経過をとおして新たなものを、肉体・エーテル体（生命体）・アストラル体（感受体）のエッセンスに付け加えます。特別に才能豊かに生まれついた人は、前世を存分に用いて、人生のなかに多くのことがらを書き込んだのです。そのエッセンスのなかに、その人の前世の経験と成果が見られるのです。

その成果を持って、人間は新しい人生に歩み入り、両親から肉体を得ます。過去の体験から果実をもたらす「存在の核」が、家族に引き寄せられます。家族はその個人に、肉体的な特徴を与えることができます。その特徴をとおして、その個人がかつて獲得した個体的な素質が発揮されます。

遺伝された特徴は単なる道具として提供されただけであって、人間の行為を生み出したり、能力を作り出したりするものではありません。しかし、道具は必要です。ピアノの名手がピアノという道具を必要とするように、個人は新しい肉体を纏《まと》うとき、物質世界で自分を正しく表現できるために、肉体を正しい道具として得なくてはなりません。そのために、肉体的な遺伝のみがあるかのように人々は錯覚します。確かに、肉体的な遺伝はあります。しかし遺伝が存在するのは、自分に最も適した肉体という道具を与えうる両親へと引き寄せられたからなのです。ある人が時間の経過のなかで投げ捨てたものすべてが、ふたたび、その人のまわりに集まってこなくてはなりません。人間はそのすべてをふたたび得て、さらなる人生において自分の本性の浄化に寄与できるようにします。

私たちはすでに、前半生のための礎石を寄せ集めています。私たちはこの人生でも学校教育を受けなおす必要があり、教育をとおして得たものを後半生のために発展させていく必要があります。前半生において肉体、エーテル体（生命体）、アストラル体（感受体）がどのように発展し、いかに人生の幸福と内実がその発展にかかっているかに注目しなくてはなりません。これは重要なことです。「それは大法則で、さまざまな変更はあるけれども、おおまかには通用する」と、理解しなくてはなりません。その法則を知り、その法則を考慮する者のみが、正しい方法で人生を歩み、明確に自分の本分に向かっていけるのです。

幼年期

人間の誕生から始めましょう。肉体の誕生に際して、それまで母胎のなかにあった肉体が生まれ出ます。誕生するまで胎内で保護されていたことによって、あらゆる器官が発展しました。誕生するとき、母親の肉体的な覆いを突き離して、自分の肉体が初めて物質的な元素の作用にさらされるのです。

肉体の誕生後、エーテル体はまだ生まれていませんし、アストラル体も生まれていません。それらは、まだエーテル的な覆い、アストラル的な覆いに包まれています。透視者の霊眼には、アストラル的な覆いとエーテル的な覆いが殻《から》のように幼児を包んでいるのが見えます。その覆いは、その子自身には属さないものであって、その子を守り、包み込んでいます。

エーテル的な覆いは七歳まで、つまり永久歯が生えるときまで人間を包んでいます。七歳の時点で、エーテル体は初めて生まれるのです。物質的な誕生に際して肉体的な覆いが突き離されたように、七歳ごろにエーテル的な覆いは突き離されます。そして、性的に成熟する年齢になったとき、アストラル体が初めて完全に外界にさらされます。

最初の七年間には、肉体のエッセンスのみが自由に作用し、そのエッセンスが肉体に物質的な形態を与えています。そのエッセンスが、物質的構造を導き入れるのです。身体器官は外界で成長していきます。身体器官はみずからの形態を持っており、さらに成長する必要がありますが、ですから、私たちは肉体の構造を最良の方法で発展させるものすべてを、幼児の周囲にもたらさなくてはなりません。

そのために、私たちは二つの魔法の言葉、「模倣」と「模範」を挙げることができます。周囲にあるものすべてを、子どもは模倣します。そして模倣は、内臓器官に形態を与える働きをします。

七歳で、脳はまだ不完全とはいえ、ある方向性を受け取っています。そのときまでに育成されなかったものは、あとで取り返すことはできません。物質原則は歯において終結します。物質原則は形成原則、形態原則です。身体が確立したことを歯が最も明瞭に示しますが、ほかの柔らかい身体器官も確定されたのです。光が作用して、目の力を表面に誘い出します。

できるだけ子どもに、出来上がった人形などの玩具を与えないのがよいということは、すでにご存じでしょう。健全な子どもは、そのような玩具にわずかのあいだしか喜びを感じないということも、ご存じのとおりです。反対に、ナプキンを結んで、インクの染みで目と耳を作って、玩具として与えると、健康な子どもは喜びます。筋肉は使えば強くなるように、「人形にないものを、子どもは活動的にファンタジーで作り出さねばならない」と言えます。そうすると、内的な器官が構築されるのです。ですから、子どもを内的に活動させ、喜びと楽しみをもたらすものが周囲にあることが特別重要です。

子どもに正しいものを与えないことほど、内臓器官を崩壊させるものはほかにありません。子どものなかで活動するファンタジーが、肉体器官の形態に働きかけます。誤った禁欲によって、子どもを喜びのない生活に慣れさせようとすることほど誤ったことは、ほかにありません。幼年期が喜びに満ちていると、子どもは健やかに育ちます。そして、何よりも健全な生命本能が、幼児を育成していくのです。

食事

正しい養分は、食事に対する喜びを子どもに与え、子どもに役立ちます。誤った養分は、子どもを病気にします。どの年齢に関しても、精神科学は必要なことがらを知っています。生まれてから七歳までは、種族に属するものが特に現われます。物質的原則が人間に作用するからです。私たちは、子どもが支障なく活動できるようにしなくてはなりません。

栄養については、母乳と子どもとのあいだに内的な関係があります。幼児期には、母親と子どものあいだに精神的な関係が存在します。子どもを母乳で育てる母親は、この関係に気を付けています。母乳のなかには物質的—化学的なもののみではなく、子どもと精神的に親和するものがあるのです。

精神科学者は母乳を、母親のエーテル体（生命体）から生まれたものと見ます。乳児期には、子どものエーテル体がまだ誕生していないので、他者のエーテル体をとおして支度されたもののみに耐えられるのです。子どもが必要とするものと、母親が与える母乳とのあいだに、内的なつながりがあるのです。乳児期に死ぬ子どものうち、十六パーセントから二十パーセントは母親に育てられ、二十六パーセントから三十パーセントは他人に育てられています。ここには、母子と生命体の関係がよく現われています。

幼児期に物質的に表現されるものは、一種の性格です。種族に属したものが形成され、強化され、堅固になり、子どもに性格を与えます。その性格をとおして、子どもは一つの家系に属します。このとき初めて、家族の特徴が子どもの顔に刻印されます。

七歳から十四歳

七歳から十四歳の時期は、二つの言葉「手本に向けての努力」と「権威」で説明されます。この年齢の子どもは、善と美と賢明さの化身である人を必要とします。そもそも、教えの化身たる人物を必要とするのです。

道徳を説教することは、この年齢の子どもにはほとんど効果がありません。オリンポスの山への道を示す模範を子どもに見せるほうが、はるかに効果があります。深く尊敬する人物を見上げることは、ずっとのちの時期のために意味があります。自然なかたちで模範に従うことが大事なのです。ですから歴史の授業では、英知と強い性格の化身のような人物を、イメージ豊かに子どもの眼前に示さなくてはなりません。そうすると、子どもは種族の性格から離れて、祖先と関連しない個人的性格を持つようになっていきます。

両親の真似から、未知のものの模倣へと移り行きます。視野は、家族を越えていきます。エーテル体（生命体）が種族を越えて広がるためには、子どもの近くに適切な人々がいるようにしなくてはなりません。永久歯が生えるまでは、子どもは家族のなかに置かれています。その後、身振りが独自の性格を帯びるようになります。家族の輪から抜け出るとき、人間は自分固有の存在になります。エーテル的な覆いが打ち砕かれます。このとき、自分が内に担っているものをとおして、子どものエーテル体のなかに蓄積されている特性を形成できる人々が周囲にいると、子どものエーテル体に作用が及びます。

そして七歳以後、エーテル体が全面的に自由になるときに、人間が前世の果実としてエーテル体のなかに持ち込んだ性向が発展します。ですから、教師は「これが正しい教育原則だ」と固執するのではなく、子どもが前世から持ってきたものに目を向けなくてはなりません。自由になったエーテル体をとおして器官を強め、成長させなくてはならないからです。七歳までは、身体器官が物質的な力によって作り上げられてきました。七歳以降は、良心、道徳、行動力など、あらゆるエーテル的な特性を獲得するために、身体器官を成長させるのです。

自然に対する純粋に精神的な喜びに関連するイメージを、私たちは内面に刻印しなければなりません。エーテル体に付着しているものは、非常に堅固に人間に定着しています。「人間は自分のエーテル体を自由に発展できるときにのみ、しっかりした性格を持つことができる」のです。この時期に教師は、「自分が思いどおりに子どもを作り上げるのではない。過去のエーテル体から到来したものに耳を澄まさないと、子どもの全生涯を駄目にすることがある」と、思わなくてはなりません。

ですから、体を使った訓練も、子どものなかに力の感情、発育の感情が生きるように考案されたものでなくてはなりません。「ぼくは大きくなる」「わたしは成長する」という感情が、単に身体的な感覚ではなく、内的な感情にならねばなりません。物質的原則が肉体に作用するように、この感情がエーテル体を作り上げる作用をします。

青年期

物質的な母胎が肉体を包み、肉体器官が形成されるのと同じように、人間が携えてくるアストラル的な特性をアストラル母胎が包んでいます。アストラル的な特性は、まずアストラル母胎のなかで形成されます。そして性的に成熟するときに、人間は初めて自由なアストラル体（感受体）をもって世界に向かい合います。そのとき、判断・批判・概念が形成されます。

それ以前の年齢において、判断や概念を形成するのは早すぎます。それ以前には、まだ信念を持つべきではありません。信念は、アストラル体が生まれたときに初めて形成できるのです。それ以前は、信念を持つ人を見上げて、自分が信じるべきものをその人から受け取るのです。この時期に自分自身で決断するのは、「アストラル的な戯画」になります。精神科学の観点から見ると、青少年が何らかの信念を持つように促されるのは、とんでもないことです。子どもが「わたしは自分の信念を持っている」と言えると思うのは、無意味であり、子どもの発育を妨げるものです。そのように言えると思うのは、子どもの教育において、何かが損なわれるしるしです。そうなると、正当な権威者から受ける印象の下で成熟する力を、子どもは自分のなかに形成できません。

アストラル体はこの時期に生まれ、十四歳以降ゆっくりと判断力を成熟させていきます。それが、信念へと発展していきます。この時期に宗教的、道徳的な感情、芸術的な成果が顔にはっきりと表われ出るべきです。そのようにすると、子どもは自由な個人として、世界に向かっていけるのです。この時期は、二十一歳もしくは二十三歳まで続きます。

性的に成熟して、人間が人間に向かい合うのは大事な時期です。過ぎ去るものがすべて比喩であるように、男女が相対するのも、ひとつの象徴です。個人への愛が次第に目覚め、周囲への個人的関係に初めて目覚めます。それ以前は、一般的な人間的関係しかありません。「自分自身の判断」と、「周囲と自分自身との関係」が初めて現われるのです。

そのとき、アストラル体のなかに、人間が前世から携えてきた土台が現われてきます。その土台が、いま初めて自由に発展できます。高い「理想」、美しい「人生の希望」と「人生の期待」が、アストラル体の土台としてもたらされます。それらは、アストラル体のなかになくてはならない力なのです。学習期に、自分が携えてきた素質を次第に取り出していった人は、正しく成長します。理想は外にあるのではなく、私たちが理想を持っているのです。この時期に、努力を促す力が青年のなかで活動します。「人生への希望と期待」という力が二十歳までになかったなら、それは後年にとって最悪の事態です。人生への希望と期待は、現実的な力なのです。

大人

内面の土台から取り出せるものが多ければ多いほど、自分の力で成長しようとする青年たちを、私たちはよく後押しできます。人間は二十三歳になって初めて、すべてを内面の土台から取り出し、遍歴時代に入ります。そこで初めて自我が生まれ、「自由な個人」として世界に立ち向かいます。

いまや自我は、肉体・エーテル体（生命体）・アストラル体（感受体）と協力して、世界と直接交わります。内的な人生経験が、まったく自由に作用します。この時点で、人間は直接、現実に立ち向かうまでに成熟しています。それ以前に現実に立ち向かうと、自分のなかにある最も美しい素質が損なわれ、土台として携えてきた力を殺すことになります。それ以前に散文的な人生を送ると、若さに対して罪を犯すことになります。

いまや人間は成熟し、人生から正しく学べる時期がやってきます。そうして人間は、二十八歳から三十五歳の時期を、マイスターの年齢に向かって成長していきます。しかし、この年齢をあまり厳密に受け取らないようにしてください。

三十五歳ごろが「人生の半ば」です。精神科学はこの年齢を、あらゆる時期のうちで非常に重要な時と見ています。二十一歳まで人間は、自分の素質を肉体・エーテル体・アストラル体から取り出してきました。二十八歳までは、周囲から提供されるものを取り出しました。そして、いま人間は、自分の肉体・エーテル体・アストラル体に対して働きかけます。まず、自分のアストラル体をしっかりさせはじめます。

それ以前は、周囲から、そして周囲について学ぶ必要がありました。いまや人間の判断は、周囲に対して作用する力を得ます。三十五歳ごろに、私たちは初めて自分の判断を確立させるべきです。それから、アストラル体はますます濃密になっていきます。

三十五歳まで、私たちは修練を積んできました。いまや、私たちはその成果をふまえて、実行に移すことができるようになります。いまや、私たちの判断は、周囲に対して意味を持つようになりはじめます。世界のために協同するときに、自分の判断を働かせはじめます。いまや、「遍歴する者」から「忠告する者」になり、他の人々の模範になれます。

三十五歳になると、経験が一種の「知恵」になりはじめるのです。三十五歳以降は、物質的な生活においても、アストラル体とエーテル体が世界から退くのが特徴です。

二十一歳まで、そして、それ以降も、アストラル体は自我のなか、血液と神経のなかで活動します。アストラル体は成長し、堅固になり、強化されて、人間はこの点で確実さを獲得します。感情世界と思考世界のなかで正しく結晶するものを人間は調和させ、それを勇気と精神活動のなかに表現します。ですから、この時期を「血液系と神経系の形成期」と呼ぶこともできます。

その時期が三十五歳ごろに終了します。三十五歳ごろ、エーテル体は肉体のなかでの活動から退きます。ですから、人生の半ばから、人体は大きくなるのを次第に停止するのです。その代わり、人間は頑丈になり、脂肪が堆積しはじめます。筋肉が固さを増します。エーテル体が退きはじめるからです。エーテル体はもはや肉体に働きかける必要がないので、エーテル体の力は自由になり、人間が内的に形成したものと組合わさります。

そうして、人間は賢明になります。エーテル体が肉体から退くときに、その人の忠告は公的生活において初めて意味を持つことを、古代人はよく知っていました。その時点で、人間は公的生活に入ることができ、その人の才能が国家と社会にとって意味を持ったのです。

老年

三十五歳から、人間はますます内面に引きこもります。もはや青年の期待、青年の憧れを持ってはいません。その代わりに、自分自身の判断を有しています。公的生活における力と感じられるものを持っているのです。エーテル体（生命体）に依存している力と能力、記憶がいかに衰えはじめるかも分かります。

そして、およそ五十歳ごろ、物質原則も人間から退きます。骨が弱くなり、組織が緩んでくる年齢に入ります。物質原則はだんだんエーテル原則と結び付きます。骨、筋肉、血液、神経が行なったことが、独自の活動を発展させはじめます。人間はますます精神的になります。もちろん、以前の教育が正しくなされていることが、その条件です。

若いころ、アストラル体（感受体）も何かを体験したにちがいありません。アストラル体が青年期独特の喜びを体験したことがないなら、この時点で濃密なエーテル体のなかに刻印されるべきものが存在しないことになります。そうなると、力強い内的生活を発展させられず、老年になって子どもっぽくなります。青年期に新鮮な力を得なかった人は、干からびていきます。

精神的な素質を発展させるのに最も好都合な時期は三十五歳です。そのときに、それまでは身体のなかに入っていた力が自由になり、その力を使って活動できるようになります。ですから、老年になるまえに精神的な発展に着手できるのは、特別幸運なことだと言えます。

自分の力をまだ外に向けなければならないあいだは、その力を内に向けることはできません。ですから、三十五歳ごろを最盛期と見なさなくてはなりません。前半生においては、すべてが律動的に発展していきます。精神科学においては明瞭な境界が常に示されますが、後半生ではそれらの境界はそんなに一定しておらず、不明確です。

後半生になって、私たちは初めて未来に向かって活動します。人間が高齢になってから自分の内面に形成するものが、未来の器官と身体を形作ります。内面に形成されたものは、その人の死後、宇宙にも寄与します。その成果は、来世における私たちの前半生において観察できるはずです。

以上の区分は多分、特に青年の気分を重くするものでしょう。しかし、精神科学の教えを本当に自分のなかに受け入れる者は、そうは感じません。人生を高い観点から見渡すと、まさに人生をこのように観察することによって、人生を実践的に活用できるようになります。

人間は諦念を修練する必要があります。成長の度合いに相応しい領域で正しく活動するために、身体的―心魂的器官が成熟するまで待たなくてはならないのです。

人生設計（二）

精神世界と現代

夢のない眠りにおいて人間がどのような状態にあるかを、明らかにしましょう。ベッドには肉体とエーテル体（生命体）が横たわっています。アストラル体（感受体）と自我組織は、肉体とエーテル体の外にあります。肉体とエーテル体に由来する思い出は、なくなっています。人間は自我とアストラル体を持って、精神世界に滞在しています。しかし、人間の心魂―精神はいかなる器官も持っておらず、何も知覚できません。周囲すべてが闇です。人間は眠っているのです。周囲にある豊かで力強い世界を、自我とアストラル体が知覚できずにいるのが眠りの状態です。

目の見えない人を思い描いてみましょう。みなさんが目によって周囲に知覚する色彩や形態が、その人にとっては存在しません。その人は、色彩と形態に関して眠っているのです。そもそも人間は全体的に眠ることはなく、何かの部分に関して眠るだけです。

アストラル体と自我から成る存在でありつつ、心魂的―精神的な知覚器官を持たない人を思い描いてください。その人は精神的なものすべてに関して眠っています。夢のない眠りの意識のなかで、人間はそのような状態にあるのです。

瞑想と集中には、霊的な目と耳を、アストラル体と自我組織のなかに植え付けるという意味があります。そうして人間は、豊かに存在するものを見はじめ、知覚しはじめます。霊的に知覚するのです。通常の意識においては見過ごすものを、霊的に知覚するのです。知覚器官を、瞑想と集中によって内的に揺り起こさなくてはなりません。自分のなかにある未組織のものを、組織化しなくてはなりません。そうすると、精神世界が見えるようになります。目と耳を持って物質世界にいるように、霊眼と霊耳を持って精神世界のなかにいるようになります。それが、本物の秘儀参入の認識です。外的な方策によって、精神的なものを見るのに適したように、人間を改造することはできません。普段は未組織な内面を組織化することによってのみ、精神的なものを見るのに適した者になれるのです。

人類進化のどの時代にも、秘儀参入への努力がありました。その努力は、ただ十五世紀から現代にいたる粗雑な唯物論の時代にのみ中断されています。唯物論の時代には、秘儀参入とは本来どういうことなのかが忘れられており、「自分の知りたいことすべてに、秘儀参入なしに到達したい」と思われています。そして次第に、「物質界のみが自分に関係する」という信仰を持つようになっていきます。

しかし物質界とは、本当のところ何なのでしょう。単に物質界としてのみ知るなら、本当に物質界を知っていることにはなりません。常に物質界の内にある霊性（精神）も知ることによってのみ、物質界を本当に認識し、理解できるのです。その認識へと人類はいたらねばなりません。

現代という大きな転換期は、私たちに破壊のイメージ、混沌のイメージを示しています。しかし、この混沌、人間の情念の恐ろしい狂乱が、すべてを陰鬱にし、すべてを退廃させていきます。しかし、洞察力のある者は、隠れた精神的諸力の衝動があらゆるもののなかに開示されているのを見ます。精神的諸力は、人間を新しい精神性へ導こうとしているのです。唯物論的な現代に響く精神の声を傾聴する素質のある人が、人智学（アントロポゾフィー）的精神科学を受け入れるのです。

古代と現代

精神世界を洞察できるようになるために、人間の能力を発展させる試みがいつもなされてきました。それには、さまざまな条件がありました。人類進化の遠い過去であるカルデア時代

（紀元前七世紀以前）に遡《さかのぼ》るか、そこまで遡らずとも、ダンテの師匠ブルネット・ラティーニ（一二一〇／二〇頃—九四年）が生きていた時代まで遡ってみましょう。当時は、人間が今日のように、肉体およびエーテル体（生命体）と緊密に結び付いていなかったのが分かります。今日では、人間は肉体とエーテル体のなかに深く入り込んでいます。そのような教育を受けてきたので、人間は肉体とエーテル体のなかに嵌《は》まり込まざるをえないのです。

永久歯が生えるまえに読み書きを学ばなくてはならないなら、人間はどのようにして神霊と交流できるでしょうか。読み書きは人類進化のなかで、物質的な必要から発明されたものです。天使や霊魂は読み書きができません。物質界で発明されたものに自分を適応させるなら、肉体およびエーテル体から抜け出るのが困難になります。

現代人は、肉体およびエーテル体から切り離されたとき、何も体験できません。そのように、現代の文化は形成されたのです。私は現代文化に毒づくつもりはありません。現代文化を批判するつもりもありません。現代文化は、現在のような形でなくてはならなかったのです。この文化は到来しなくてはなりませんでした。それがどういう意味かは、これから話していきます。

古代には、アストラル体（感受体）と自我は、昼間も今日よりもずっと肉体およびエーテル体から独立していました。古代の秘儀参入は、そのような独立状態を前提にするものでした。太古には、ほとんどだれでも秘儀に参入できました。だれでも秘儀参入者になれました。はるかな過去、原インド文化、原ペルシア文化においてです。

ついで、肉体とエーテル体から容易に抜け出る人々、自我とアストラル体の独立性が比較的大きな人々を選び出して、秘儀に参入させる必要のある時代がやってきました。人間はこのような条件に依存しているのです。

だれもが秘儀参入に向けて努力することは、なんとか可能でした。しかし、大いなる成果は、該当者の自我とアストラル体がどれほど独立しているかに依存していました。「人間の体質」に依存していたのです。

人間はこの世に生まれると、生涯、何かに依存することになります。

秘儀参入と年齢

さて、「今日でも人間は秘儀参入に関して、何かに依存しているのか」と、問うことができます。ある意味では、そうです。精神世界にいたる正しい道と誤った道について、この講演で明瞭かつ徹底的に述べたいので、秘儀参入に関して今日存在する依存性についても話したいと思います。あらゆることがらに、明瞭な心眼を向けましょう。

古代人は、秘儀参入に際して、生得の素質に依存していました。近代人にも本来、秘儀参入は常に可能です。心魂のトレーニングをとおして、アストラル体（感受体）と自我組織を、精神世界の洞察・知覚が可能になるように形成するのが正しい方法です。

しかし、その知覚の完全さ、完璧さに関しては、今日でも人間は何かに依存しています。ここで、非常に繊細で内密なことがらを考察することになります。ここで話すことについて、これからの講演の内容を聞くまえに確定的な判断を下さないようにお願いいたします。私が話すべきことは、段階を追って述べていけるものだからです。

今日、人間は秘儀参入において、ある意味で「自分の年齢」に依存しているのです。例えば、秘儀に参入するとき三十七歳になっていたとしましょう。生まれてから三十七年が過ぎ、これからも生きていくつもりでいます。だれかの指導の下に、あるいは文献に記された指示を学んで、瞑想、集中、その他の心魂のトレーニングを開始します。そして最初に、一つの思考内容に繰り返し瞑想的に沈潜することによって、自分の地上生活を振り返る能力を得ます。自分の地上生活が一幅の画像のように、心魂のまえに繰り広げられます。

通常、人間は空間を見て、一列目の人々、二列目の人々、机、うしろの壁というように、同時点で存在するものを遠近的に見ます。同様に、秘儀参入のある段階で、時間のなかを遠近的に見ることになります。

あたかも、時間の経過が空間的に並んでいるかのようです。「いま、私は三十七歳になった。三十六歳、三十五歳でこれこれのことを体験した」というように見るのです。どんどん進んで、誕生の時点にいたります。そのように、自分のまえにある一幅の画像のなかを見ていくのです。

実際に秘儀参入のある段階で、このように振り返る、と思ってください。三十七歳で、誕生から七歳、つまり永久歯が生えるころまでの時間を振り返ることができると、その時期は一番遠くにあります。つぎに、七歳から十四歳、性的成熟期までを見ることができます。それから、十四歳から二十一歳までの時期を見ることができます。さらに、二十一歳から三十七歳までの人生を振り返って見ることができます。

時間的—空間的な遠近法のなかで、それらを見ることができるのです。時間—空間の遠近を、覚醒したの境地から生まれる意識によって見るのです。そうすると、霊的な「視力」が得られます。霊感が得られるのです。

生まれてから七歳までの人生は、十四歳から二十一歳までに体験したもの、それ以後に体験したものとは別様の霊感を与えます。さまざまな年齢が、それぞれ別の力を与えるのです。

高齢期

人間は三十七歳以上にもなれます。たとえば六十三歳、六十四歳にもなれます。その時点では、もっと後の人生の時期も見渡せます。そうすると、二十一歳から四十二歳までの時期が、かなり一体をなしたものに見えます。それから、ふたたび七歳ごとの節に分かれます。すなわち、四十二歳から四十九歳までに見られるもの、四十九歳から五十六歳までに見られるもの、そして五十六歳から六十三歳までに見られるものには、はっきりした区別があります。はっきりした差異を、振り返って見ることになります。

あらゆるものから霊感を受け取るようになると、自分の内にあるものすべてが、それぞれ別種のインスピレーションを与えます。生まれてから七歳までの幼年期が自分の内に担っているものは、七歳から十四歳までの少年期、十四歳から二十一歳までの青年期とは別のインスピレーションを与えます。十四歳から二十一歳までの青年期に自分の内に担うものは、七歳までの時期とは別のインスピレーションを与えます。二十一歳から四十二歳まで自分の内に担うもののからは、また異なったインスピレーションがやってきます。そして、もっと高齢から発する、さらに異なった諸力がやってきます。

自分自身の体験を、イメージで洞察する能力を獲得したとしてみましょう。さらに、イメージ意識を消去して、空の意識のインスピレーションを獲得したとしましょう。そうなると、もはや目という対象物の表面のみを見るのではなく、目という器官を貫いて遥か彼方が見えるようになります。インスピレーションをとおして、自分の人生のさまざまな時期の体験を見るだけではなく、その人生の時期をとおして何かを見たり聞いたりするところまでいたったとしてみましょう。あるときは七歳から十四歳までの時期をとおして、あるときは四十九歳から五十六歳までの時期をとおして、ものごとを見たり、聞き取ったりするのです。目を用い、耳を用います。インスピレーション世界のなかで、七歳から十四歳までの時期から与えられる力を用いたり、四十二歳から四十九歳までの時期から与えられる力を用いたりします。年齢が、理解のための器官となるのです。

つまり、ある意味で今日、人間は年齢に依存しているのです。三十七歳で、秘儀参入をとおして語ることができます。しかし六十三歳でなら、秘儀参入をとおして別様に語ることができます。別の器官を形成したからです。年齢は器官なのです。

過去の探究

書物からではなく認識力によって、ブルネット・ラティーニや、シトー会の神学者アラヌス（一一二八頃—一二〇二年）のような人物を叙述するとしてみましょう。三十七歳のときに彼らを叙述しようと試みると、「彼らは精神世界にいる」という経験をします。彼らは、活力のある眠りの意識のなかで、精神世界に立っています。物質界にいる人々と語るように、彼らと語ることはできません。精神生活の言語を用いて、彼らと交流する必要があります。そのとき、彼らは知恵、つまり内的精神において獲得したものを明らかにできるのです。そうすると、彼らから多くを学べます。これらの人物の語ることを、誠実に信義をもって聞き、それを受け入れなくてはなりません。

精神世界においてブルネット・ラティーニのような人物に向かい合うのは、大切なことです。十分に準備がなされていたなら、眼前に現われたものが幻影なのか、霊的な現実に直面しているのかを区別することが可能です。現われてくるものの真偽を見分けることが可能なのです。

精神世界でブルネット・ラティーニと語るとしてみましょう。部屋で談話するように想像してはなりません。三十七歳で、ブルネット・ラティーニと語るとしましょう。彼はさまざまなことを語るでしょう。私たちは、「もっと正確に知りたい」という思いに駆られます。そうすると彼は、「私はあなたとともに十九世紀、十八世紀をとおって、私の生きた時代まで戻らなくてはならない。私たちは、道を戻らなくてはならない。私がダンテの師匠だった時代に戻らなくてはならない」と、言います。

そうして彼は、「私とその道を辿ろうとするなら、君はもうすこし年を取らなくてはならない。君は、いまの年齢を越えなくてはならない。私は君に、すべてを語ることができる。君はすべてを知ることができる。君は深く秘儀に参入できる。しかし君は、いまの年齢では、私といっしょに来ることはできない。いまの君は、精神的な意志をとおして、本当に道を戻ることはできない」と、語ります。

年を取らなくてはならないのです。精神世界で妨げなく時代を遡っていこうとするなら、なによりもまず四十二歳を越えている必要があります。厳密に言えば、六十歳になっていなくてはなりません。

以上のことから、人間が「老いる」「まだ若い」ということに、どのような深い意味があるかが分かります。このようなことがらに注意を向けるときに初めて、なぜこの地上で若くして死ぬ人と、老いて死ぬ人がいるのかも理解できるのです。

運命にどう向き合うか

人智学を学ぶ

人智学(アントロポゾフィー)は単なる理論、単なる学問ではありません。通常の意味で「認識」と名づけられるものではありません。「人智学は単なる認識、単なる理論から、直接的な生命、生命の妙薬へと、私たちの心魂のなかで変化するべきだ」と、私は公開講演(「精神科学の光に照らした死と不死」一九一二年二月六日、および「精神科学の光に照らした永遠の本質と人間の心魂の性質」同月七日、ともにウィーンにおける講演)で強調しました。私たちは、人智学をとおして何かを知るだけではありません。人智学は、物質界における通常の生活において私たちに役立つだけではありません。物質界においても、身体を脱した死と再受肉のあいだの状態においても役立つものなのです。人智学は、私たちを強める力を提供し、生を促進する要素を供給します。そのようなものとして人智学を感じると、私たちは人智学をよりよく理解できます。

「人智学が私たちの生命を強化し、力を与えるものであるなら、なぜ私たちは人智学を学ぶときに、理論的認識と思えるものをいくつも身に付けなくてはならないのか。なぜ、地球に先立つ惑星進化状態のことで頭を悩ませなくてはならないのか。なぜ、遥かな過去に生じたことがらを知らなくてはならないのか。なぜ、輪廻と業《カルマ》の細かい法則を詳しく知らなくてはならないのか」という問いが出てくることでしょう。「それらは、世間一般の学問と同じようなものじゃないか」と、多くの人が思うかもしれません。

そのような問いを発するとき、「人間は本来、何かを学ぶのが嫌なのだ。何かを精神的に身に付けるのが嫌なのだ」という言葉で表わせる凡庸な因習が混ざり込んでいないか、入念に吟味しなくてはなりません。そのような不快感が問いのなかに入っていないか、よく考えてみなくてはなりません。

人智学が私たちに提供する最高のものが、安易に手に入れられる、と思ってはなりません。しばしば軽薄に、「人間には自己認識だけが必要だ。善人になろうと試みることが必要だ。それで、すでに十分に人智学者になっているのだ。善人になるのは、世界で最も難しいことに属する。善人になるという理想以外の心構えは必要ではない。それが深い認識だ」と、強調されます。

自己認識に関する問いは、多くの人が思うように、すぐさま答えられるものではありません。人智学がひとつの教義、学問であるように思えるのは、単に見かけ上のことです。人智学は自己認識をもたらし、善人になろうとする努力を生み出します。人智学がいかに生活のなかに流れ込みうるかを、さまざまな観点から考察することが、何よりも大切です。

苦悩と慰め

重大な人生の問いを取り上げましょう。学問的探究からではなく、日々の生活から生じる問いです。「私たちが何かに苦しみ、人生に十分満足できないとき、慰めは得られるか」、別の言葉で言うと、「人智学（アントロポゾフィー）は悲嘆にくれる人に、どのような慰めを与えることができるか」という問いです。もちろん、個々人の特別の事情によって、答えは変わってきます。多くの人を対象にした講演では、一般的なことしか語れません。

なぜ私たちは、人生のなかで慰めを必要とするのでしょうか。私たちがいろんなことに落ち込み、悲嘆にくれ、苦しむからです。苦痛に直面したとき、内面でその苦痛に拒絶反応を示し、「なぜ、私は苦痛を耐え忍ばねばならないのか。なぜ、私に苦痛がやってくるのか。いかなる苦悩もなく、満足できる人生にはならないのか」と思うのは当然です。

そのような問いに対する答えは、人間の業《カルマ》、人間の運命について本当の認識を手に入れるときにのみ見出せます。なぜ、私たちは世界のなかで苦悩するのでしょう。外部から来る苦悩も、内面から発する苦悩も、私たちには常に明らかにはなりません。私たちに不満を抱かせるようなものごとに、なぜ人生のなかで出会うのでしょうか。

業の法則に取り組んでみましょう。そうすると、つぎの例のようなことが、生まれてから死ぬまでの人生の根底にあるのが分かります。

十八歳まで、父親の脛《すね》をかじって暮らしていた人がいるとします。彼はおもしろおかしく生き、何も不足がありませんでした。ところが、父親が財産を失い、破産します。青年は職に就かねばならず、苦労しなければならなくなります。人生のなかで、彼は苦痛と欠乏を体験します。この青年は、苦労するのが好きではないのです。

この青年が五十歳になったとしてみましょう。十八歳のとき、何かを学ばねばならなくなったので、彼は品行方正な人間になりました。いまや彼は、しっかりと地に足がついています。「若かったとき、苦悩や苦痛に遭遇したと思ったのは、当時の時点では当然だった。しかし、いま私は別なふうに考えねばならない。もし十八歳の私が、それなりに申し分のない生活を送っていたなら、苦しみに会うことはなかっただろう。もし苦しみに会わなかったなら、私はいつまでものらくら者だっただろう。苦痛が、不完全さを完全さに変えたのだ。私が四十年前とは別人になったことを、私はこの苦痛に感謝しなくてはならない。当時、何が私に到来したのか。当時の私の不完全さと苦痛とが結合したのだ。私の不完全さが苦痛を求めたのだ。私の不完全さは追い払われ、完全さに変化できたのだ」と、彼は思います。

誕生から死までの人生を普通に観察するだけで、このように考察できます。人生全体を見渡し、業に向かい合うと、「私たちが出会う苦痛は、すべて私たちの不完全さが求めたものだ」という確信にいたります。すなわち、私たちが前世から持ち越してきた不完全さが、苦痛を求めたのです。

内なる賢者

そのような不完全さが私たちのなかに存在するので、私たちよりも賢明な者が私たちの内におり、苦痛への道を探し求めるのです。「私たちよりもずっと賢明な者が私たちの内にいる」というのが、人生の秘密です。私たちが通常の生活で「私」と言っているものには、賢明さが欠けています。この「賢明さの欠けている者」は、放っておくと、苦痛を求めたり、快楽を求めたりします。「賢明な者」は、私たちの通常の意識が入っていけない、意識の深みに安らいでいます。

この賢明な者は、軽々しい快楽から私たちの目をそらせます。そして、私たちが知らぬ間に、苦痛への道を進む不思議な力を、私たちの内に燃え上がらせます。「私たちが知らぬ間に」とは、どういうことでしょう。賢明な者は、賢明さの欠ける者よりも力が大きいのです。賢明な者が不完全な私たちのなかにおり、常に私たちを苦痛へと導いていきます。私たちは内的および外的な苦痛によって、自分の不完全さを取り除き、自分を完全にしていけるからです。

このような考えを理論的に洞察しても、多くのことは成し遂げられません。人生の特別の瞬間に際して、いま述べた考えを、全エネルギーを傾けて心魂の生命内容にしてみると、多くのことが達成できます。労働、慌ただしさ、活動、義務を伴う通常の人生においては、私たちは賢明さに欠ける自分を放棄できません。しかし、人生の特別の瞬間なら――たとえ、それが短いものであっても――「外部の騒がしさ、および騒いでいる私を度外視しよう。私の苦痛に目を向け、内なる賢者が不思議な力によって私を苦痛に導いたのを感じよう。私が不完全さを克服していないので、苦痛が課せられたのだ」と、私たちは思うことができます。

そうすると、「苦痛に満ちているように見えるところでも、世界は叡智に満ちている」と、感じるようになるでしょう。このようなことが、人智学（アントロポゾフィー）によって生活のなかで達成されます。このようなことを、私たちは外的な生活においては、ふたたび忘れることがあるでしょう。しかし、繰り返し訓練すると、私たちの心魂のなかに種子のようなものが撒かれるのが分かります。そして、私たちの内にある陰鬱な感情、虚弱な気分が、明朗な気分、力の感情に変化します。人生の特別の瞬間から、調和的な心魂と力強い人間が現われてきます。

人生の喜び

人生には苦痛だけでなく、喜び、楽しみもあります。心魂の苦痛に慰めがもたらされたあと、人生の喜びに向かい合うのを、人智学者は原則にするべきです。あたかも自分が苦痛を欲したかのように、捉われのない感情をもって運命に向かい合う人が、楽しみと喜びを考察すると、独特の結果が生じます。苦痛を扱うような具合にはいかないのです。

人生のなかに慰めを見出すのは容易なのです。そう思わない人は、感情移入してみると、よく分かるでしょう。しかし、楽しみ、喜びとうまく付き合うのは困難です。「自分が苦悩を欲したのだ」という気分になってみることは可能です。同じことを、楽しみと喜びに関してなせば、恥ずかしくなります。「私の楽しみと喜びは、私自身が業《カルマ》をとおして用意したものではない」と思うことによってのみ、この恥ずかしさの感情から抜け出られます。

これが唯一の手段です。それ以外の方法では恥じらいが強くなり、心魂をほとんど崩壊させます。「賢明な者が喜びへと駆り立てたのだ」とは思わないのが、唯一の健全な手段です。このように正しく考えると、恥ずかしさの感情が消え去ります。楽しみと喜びは、私たちに関係なく、賢明な宇宙の導きによって与えられたものなのです。私たちは楽しみと喜びを、恩恵として受け取るべきなのです。楽しみと喜びを、人生の特別の瞬間、孤独の時間のなかで、宇宙の全能の神の恩恵と感じるようにするのです。宇宙の全能の神が、私たちを内に受け取ろうとするのです。

私たちは自分の苦痛と苦悩を通して自分自身にいたり、自分自身をより完全にします。一方、楽しみと喜びは恩恵と見なします。私たちは楽しみと喜びをとおして、世界の神的な力のなかでの至福の安らぎという感情を発展させます。楽しみと喜びに対する唯一の正当な気分は、感謝です。自己認識の孤独な時間のなかで、「楽しさと喜びは自分の業によるものだ」とは、だれも言えません。

もし、「楽しさと喜びは自分の業によるものだ」と言うなら、誤りに陥ります。精神が虚弱になり、麻痺します。楽しさと喜びを正当に獲得したのだという考えは、私たちを虚弱にし、麻痺させます。これは苛酷に思われるでしょう。「苦痛は自分自身が望んだものであり、自分をとおしてやってきたものだ」と思う人の多くは、「楽しさと喜びも自分が引き起こしたものだ」と思いたいからです。

しかし、通常のまなざしを人生に投げかけるだけで、楽しさと喜びが突き崩すような力を有していることが分かります。『ファウスト』（第一部「森と洞窟」）のなかに、楽しさと喜びの破壊力が、みごとに描き出されています。「私は欲望から享受へとよろめく。そして享受のなかで、欲望への渇《かわ》きにやつれる」という言葉で、楽しさと喜びに麻痺してしまう状態が描き出されています。楽しさの影響について少しでも考えてみると、楽しさが私たちを酩酊状態に導き、私たちの自己を消し去るのが分かります。

私は楽しさに反対する説教をしているのではありません。自分を火箸で苛《さいな》むような自虐に没頭すべきだ、と要求しているのではありません。正しく認識していただけるなら、「楽しさを避けるべきだ」と言っているのではないことが分かると思います。「楽しさを避けろ」と言っているのではなく、「楽しさを平静に受け取るべきだ」と言っているのです。楽しさを恩恵として受け取る気分を育てるべきなのです。そうすれば、私たちはますます神的なもののなかに浸っていきます。私は、苦行を説いているのではありません。「楽しさと喜びに対する正しい気分を目覚めさせよう」と、言っているのです。

「楽しさと喜びは、自分を麻痺させ、自己を解消させる。だから、私は楽しさと喜びを避ける」と言う人は、神々から贈られる恩恵を避けているのです。それは誤った苦行、自虐が目指すところです。苦行者、修道士、尼僧の自虐は、絶えず神々を避けることになります。

苦痛を「自分の業によってやってきたもの」と感じ、喜びを「神が私たちに注ぐ恵み」と感じるのが適切です。神が私たちの近くにやってきたしるしが、楽しさと喜びなのです。理性的な人間が達成すべきことから私たちが遠く離れていることのしるしが、苦悩と苦痛なのです。

これが、業に向かい合う基本的な気分です。この基本的な気分なしには、私たちは人生を前進できません。

世界が私たちにもたらす善いもの、美しいものに直面して、私たちはつぎのように感じなくてはなりません。「神々は、世界は美しく善いものだ、と見た」と聖書（「創世記」第一章）が表現している神的な力が世界の背後に存在する、と感じるのです。そして、苦悩と苦痛を感じるとき、人間が輪廻の経過のなかで、最初は善いものだった世界をどのようにしてしまったかを認識しなければなりません。そして、苦痛を精力的に担うことによって改善すべきものを認識する必要があります。

いま述べたのは、二種類の業《カルマ》の受け取り方です。私たちの業は、ある意味で、苦しみと喜びから成り立っています。私たちは苦しみと喜びに正しく向き合えるとき、正しい意志をもって自分の業に向かい合っています。

私たちの業は、人生の苦しみと喜びのみを示すのではありません。例えば、私たちが多くの人々と束の間の知り合いになったり、親戚や友人として長いあいだ付き合ったりすることにも、業の作用を見なくてはなりません。私たちを苦しませる人々に出会ったり、一緒に働くのが苦痛な人々に出会ったりします。私たちを励ましてくれる人々にも出会います。さまざまな人間関係が生じるのです。「私たちが出会い、何かを共になす人々を、私たちは自分のなかの賢明な部分で望んだのだ」という、人生の事実に向かい合わねばなりません。私たちの内なる賢者は、どのような根拠から、だれそれに出会おうとするのでしょうか。

「私が彼に出会おうと思うのは、私がすでに以前に彼に会ったことがあるからだ。すでに以前から、準備がなされているのだ。それは、かならずしも一つ前の前世ではなく、ずっと前の過去生においてでもありうる。かつて、私はこの人と何かを行ない、私は何らかの負債を負ったのだ。だから、賢明な者が私を、この人との出会いに導くのだ。不思議な力が、私をこの人物に導くのだ」と思う以外に、理性的な考えはないでしょう。

さて、私たちは非常に多様で、混み入った領域に入っていきます。その領域については、本来、一般的な観点が与えられるだけです。ここでは、透視的な探究をとおして経験されたことのみを話します。それを特殊化して自分自身の人生に適用できるので、だれにとっても有用なはずです。

前半生と後半生

注目すべき事実があります。私たちはすべて人生の半ばで、上昇線から下降線に移る時期を体験します。青年期の力は頂点を越え、下降へと移っていきます。三十代にあるこの移行点は、一般的な規則にはなりえませんが、私たちだれにでも通用するものです。この時期は、私たちが最も物質界に生きるときです。

それ以前のことは、私たちが精神世界から現世にもたらしたものから取り出されたものです。現世にもたらしたものから取り出されたもので、私たちは人生を築きました。私たちは、精神世界から持ってきた力によって生きてきたのです。その力が、人生の半ばで使い果たされます。後半生において、私たちは人生という学校で学んだことを蓄積し、摂取し、それを来世へと持っていくのです。

以前は精神世界から受け取り、いまや精神世界に持っていくのです。以前は、もっぱら物質世界に生き、外的な仕事に関わりました。そのとき、私たちは修業期間を通過していたのです。私たちは生活のさなかにあり、自分の人生を築き上げなくてはなりませんでした。私たちは自分自身と関わっており、自分のために外界と取り組み、外界と関係を持ちました。世界と関係を持つのは悟性であり、悟性から発する意志衝動です。私たちから湧き出るものに対して、精神世界は閉ざされています。私たちは人生の半ばで、精神世界から最も遠ざかるのです。

神秘学の探究によって、注目すべきことが明らかになります。人生の半ばで出会って、知り合いになる人々は、前世では人生の始め、幼児期に一緒にいた人たちなのです。常にそうなのではありませんが、原則として業《カルマ》によって、かつて両親であった人々と人生の半ばに出会うことが明らかになっています。かつて両親であった人々と、幼年期で出会うことは滅多にありません。人生の半ばで出会うのです。奇妙に思われるでしょうが、事実なのです。私たちがこのような規則を吟味すると、人生にとって非常に有益なものが得られます。だれかが三十歳ごろに、ある人と関係を持つとしましょう。仲良しになるか、喧嘩するか、さまざまです。試しに、「私はこの人と、かつて親子関係にあったのだ」と考えてみると、多くのことが解明されます。

その逆の、注目すべき事実があります。私たちが幼年期に出会う人々、つまり両親、兄弟姉妹、遊び友だちなど、幼年期に周囲にいた人々は、原則として、私たちが前世で三十歳ごろに知り合った人々なのです。前世で三十歳ごろに知り合った人々が、現世でしばしば、私たちの両親や兄弟姉妹になります。

このようなことが奇妙に思われたら、一度試みに、人生に適用してみるとよいでしょう。このように考察すると、人生が明解になるはずです。孤独な時間のなかで、人生をこのように考察すると、人生は意味あるものになります。ただ、「気に入っている人々を、来世で両親にしたい」というようにアレンジすべきではありません。先入観によって、誤った光を当ててはなりません。危険な無数の先入観が私たちを待ち構えています。しかし、このような困難なことがらに関して、先入観を持たないように努力するのはよいことです。

みなさんは、「下降線中の人生はどうなのか。私たちが人生の始めに知り合うのは、前世で人生の半ばに知り合った人々だ。逆に人生の半ばで知り合うのは、前世で人生の始めに出会った人々だ。では、下降線中の人生はどうなのか」と、質問なさるかもしれません。

下降線中の人生においては、前世で関係のあった人々と出会うこともあるし、まだ関係のない人と出会うこともあります。特徴的な出来事、例えば苦々しい失望による人生の試練のような出来事が生じるなら、それらの人々は私たちと前世で関係があったのです。この場合、私たちは後半生において、すでに前世で結ばれていた人々とふたたび出会います。こうして関係が持ち越され、前世に原因のあることがらが運び込まれます。

事物は多様な現われ方をし、私たちが型にはまった理解をしないようにさせます。特に後半生において、ひとつの人生では解決できない業《カルマ》で紡《つむ》がれた人々が、私たちに関わってきます。

私たちがある人生において、ある人を苦しめたとしましょう。「つぎの人生で、その人とふたたび出会うように導かれ、私たちの内なる賢者が、私たちがその人に対してなしたことの埋め合わせをできるように導く」と、思えるでしょう。しかし、私たちは常に全部を埋め合わせできるのではなく、一部分しか埋め合わせできないのです。こうして、事態は複雑になります。そのような業の残りを後半生において埋め合わせることが必要になります。このように自分の業を、他人との出会い、交流において把握できるのです。

高次の自己

さらに別のことが考察できます。成熟、つまり人生経験を身に付けることです。私たちは、誤りを犯すたびに賢くなっていきます。誤りを犯すたびに賢くなっていくのは最良のことです。私たちが人生のなかで賢くなる機会は、たくさんはないからです。私たちが誤りから学んだものが、のちの人生のための力になります。私たちが身に付ける知恵、人生経験とは、いったい何でしょう。

私たちはある人生における表象を、つぎの人生に直接持っていくことはできません。プラトンも、自分の心魂の表象を来世に携えていくことはできませんでした。私たちは意志、心情のありようを来世に携えていくのであって、表象は言語と同じく、生まれ変わるたびに新たに身に付けるのです。表象の大部分は言語のなかに生きているからです。私たちは表象の大部分を、言語から身に付けます。生まれてから死ぬまでの人生が、私たちに表象を与えます。表象は本来、生まれてから死ぬまでの人生から得られるものです。

どれほど多くの輪廻を経てきていても、どのような表象を受け取るかは、私たちの業《カルマ》、その都度の受肉にかかっているのです。みなさんは表象を、いつも外から受け取ります。みなさんが業によって、どの言語、民族、家族に生まれるか次第なのです。私たちの表象と思考は、業に依存しているのです。

つまり、私たちが人生のなかで知りうること、認識として身に付けられるものは、まったく個人的なものなのです。私たちは人生から身に付けたものによって、「個人」を越えることは決してありません。私たちは人生のなかで、賢明な者になることはなく、賢明さの欠けた者にとどまります。「自分が世界のなかで身に付けたものによって、高次の自己について知ることができる」と想像するなら、ただ安楽に、誤ったことを思い描いているにすぎません。私たちが人生から身に付けられるものによっては、高次の自己について何も知ることができないのです。

それでは、私たちはどのようにして高次の自己を知ることができるのでしょうか。まず、「私たちは、そもそも何を知っているのか」と、問わねばなりません。私たちは、経験をとおして身に付けたものによって、ものごとを知ります。それ以外には、何も知りません。「自分の心魂のなかには、外界の反映しか存在しない」ということを知らないと、「自分のなかに入っていくことによって、高次の自己を見出せる」と、思い込むかもしれません。何かを見出すことはできるでしょうが、それは外から入ってきたものにほかなりません。このような安っぽい、安易な道では、先に進めません。

私たちは、他の世界から到来したものについて、考えてみなくてはなりません。そのなかに、私たちの高次の自己もあるのです。地球のさまざまな受肉について、また精神科学の教義一般について、考えてみるのです。私たちは、子どもの心魂を外的な生活との関連において知ろうとして、「子どもの周囲に何があるか」と問います。同様に、「高次の自己の周囲に何があるか」と問わなくてはなりません。

「土星」の秘密、「太陽」「月」「地球」の進化、輪廻と業《カルマ》、神界（天国）と欲界（煉獄）について精神科学が語ることをとおして、私たちは高次の自己が存在する世界について知るのです。そのようにしてのみ、私たちは物質界を越えた高次の自己を知るのです。

これらの秘密に迫ろうとしない人に対しては、「君は自分に甘えている」と言わなくてはなりません。「自分のなかを見つめよ。そこに、おまえは神人を見出すだろう」と言うのは、非常に心魂を甘やかすことです。自分のなかを見つめれば、外界から体験したことの堆積しか見出せないでしょう。この世界の外から心魂のなかに反映しているものを自分の内に探索するときにのみ、私たちは神人を見出します。苦労して学ぶものすべてが、自己認識にほかならないのです。人智学（アントロポゾフィー）は本物の自己認識です。「私たちは精神科学を、自己を解明するものとして受け入れる」と、言うことができるのです。

一体、自己とは何でしょうか。自己は、私たちの皮膚の内部にあるのでしょうか。そうではありません。自己は、全宇宙に注ぎ出ています。宇宙のなかにあるものは、私たちの自己と結びついています。かつて宇宙のなかに存在したものも、私たちの自己と結びついています。私たちは、宇宙を知るときにのみ、自己を知るのです。

このように一見「理論」と思えるものが、自己認識への道にほかならないのです。内面に硬直することによって自己を見出そうとする人は、「自分は善人でなくてはならない。没我的でなくてはいけない」と、思います。それは、いいことです。しかし、その人がますます利己主義的になるのが分かります。

その反対に、存在の秘密にさんざん苦労し、個人的な自己から抜け出て、高次の世界へと上昇する人は、真の自己認識にいたります。「土星」「太陽」「月」について熟考すると、私たちは宇宙思考のなかで自分を失います。

「私の思考のなかに、宇宙思考が生きている。自分を宇宙思考のなかに失え」と、人智学的に思考する心魂は思います。

「私の感情のなかに、宇宙の力が躍動している。宇宙の力をとおして、自分を体験せよ」と、人智学を吸収する心魂は思います。

目を閉じて、「私は善人でありたい」と、思うのではありません。肉眼も天眼も開けて、いかに外界に宇宙の力が活動し、いかに自分が宇宙の力のなかに浸っているかに気づくのです。

「私の意志のなかに、宇宙存在が活動している。意志存在から、自分を創造せよ」と、人智学から力を汲み出す心魂は思います。

このようなものとして自己認識を把握すると、宇宙存在をとおして自分を改造できます。

抽象的で無味乾燥に見えても、これは単なる理論でなく、一個の種子のようなものです。この種子は地に撒《ま》かれ、生長し、植物、樹木になります。神秘学から受け取る感情によって、私たちを改造するのです。

このようにして、人智学は生命の妙薬になります。私たちはまなざしを精神世界に広げます。そして、力を自分のなかに得て、自分を自らの深みにおいて認識します。宇宙認識を自分のなかに持ち込むとき、初めて私たちは自分を把握します。そして、物質世界と精神世界との境域を監視する者から分離した、賢明さに欠ける者から、賢明な者へと進みます。強い人間になろうとしない者には隠されたものが、人智学をとおして得られるのです。「意志存在から、自分を創造せよ」です。

編訳者あとがき

「はしがき」に述べたように、本書は、二十世紀を代表する精神科学研究家ルドルフ・シュタイナーによる、日常生活への示唆に富んだ講演を集めたものです。シュタイナーとその精神科学（アントロポゾフィー）の概要については「はしがき」に記しましたので、ここでは、本書に収録した講演について、若干の補足的な説明をしておきます。

最初に収めた「実際的な思考方法」（一九〇九年一月十八日、カールスルーエ）は、表題のとおり、日常生活において適切な思考をするための秘訣を述べた講演です。一九二一年にシュトゥットガルトで出版されて以来、版を重ね、一九三〇年にドルナッハ、一九五八年にフライブルクでも出版されました。シュタイナー全集では第一〇八巻『人智学による世界問題と人生問題への回答』に収められています。（ルドルフ・シュタイナー出版社のシュタイナー全集は、一九五五年から刊行が始まり、現在では最も入手しやすいものです。それまでは、一九〇八年に設立された哲学―神智学出版社〈現在のゲーテアヌム出版社〉や自由精神生活出版社を初めとして、さまざまな出版元からシュタイナーの講演集が刊行されていました）。

「人間の四つの気質」（一九〇九年三月四日、ベルリン。全集五七巻『どこに、いかに精神を見出すか』所収）は、怒りっぽい胆汁質、気が変わりやすい多血質、ゆっくりした粘液質、陰気な憂鬱質それぞれへの対処法を、親切に述べています。親や教師が胆汁質すぎると、子どもは消化器に支障をきたしたり、後年にリューマチになる可能性があります。多血質すぎる教師や親だと、活力や意志の弱い子になりがちです。粘液質すぎる親や教師だと、子どもは神経質になったり、世界に無関心になることがあります。周囲の大人が憂鬱質すぎると、子どもの血液循環や呼吸に障害が出ることがあります。この講演では、胆汁質が自我、多血質がアストラル体（思いの場である心という実体）、粘液質がエーテル体（肉体を生かしている生命実質）、憂鬱質が肉体に関連していると述べられています。これは大人について言えることであって、十歳以下の子どもの場合は、憂鬱質―自我、胆汁質―アストラル体、多血質―エーテル体、粘液質―肉体というように、対応関係が変わります。（子どもの気質についてのいきいきとした描写は、カロリーネ・フォン・ハイデブラント『子どもの体と心の成長』〈イザラ書房〉に見られます）。

「心身を元気にする七つの方法」（一九一二年一月十一日、ミュンヘン）は、頭に偏《かたよ》って疲弊している現代人が生命力を強め、自我の力によって自分の情動を司《つかさど》れるようになるための、具体的な方法を語った貴重な講演です。この講演は、一九五二年にバーゼルで出版された『心魂のいとなみにおける健康と病気』に収録され、シュタイナー全集では第一四三巻『超感覚的なものの経験』に収められています。

人間は「衣食足りて礼節を知る」と言われます。「なぜ服を着るか」(一九二四年二月十三日、ドルナッハにおける講演。全集三五二巻『精神科学的に考察した自然と人間』所収)、「何を食べるとよいか」(一九〇九年一月八日、ミュンヘンにおける講演。全集第六八巻収録予定)、「知恵と健康」(一九〇七年二月十四日、ベルリンにおける講演。全集五五巻『現代生活における超感覚的認識の意味』所収)は、衣服、食事、健康という日常的なテーマを扱った講演です。シュタイナーは、「アルコールは脳の精神器官を破損する」とか、「ニコチンは血行を促進するので、血液に酸素を供給するために呼吸が早くなって、無意識のなかに不安が生じる」などと、考えていました。シュタイナー流の医学では、病気の原因を肉体のみならず、不可視の体(エーテル体・アストラル体)の不調和に探ろうとします。(これらのテーマに関しては、シュタイナー『健康と食事』『病気と治療』〈ともにイザラ書房〉でも、語られています)。

「心魂の調和を築く五つの方法」は、シュタイナーの精神科学を、頭で理解するだけでなく、体得しようとするときに、最初に行なう必要のある心魂の修練法です。一九四八年にマリー・シュタイナーによって自費出版された『秘教学院の内容から』、そしてシュタイナー全集二四五巻『秘教的修行のための示唆』に収められたあと、現在では同二六七巻『心魂の修練』に収録されています。この五つの修練なしに、スピリチュアルな世界に足を踏み入れようとすると、心身の健康を損なう恐れがあります。

「人体のリズム」（一九〇八年十二月二十一日、ベルリン）は、人間を構成する四つの部分（肉体・生命体《エーテル》・感受体《アストラル》・自我）が、それぞれのリズムを持っていることを説明しています。午前を思考に、午後を意志に、夜を感情にと一日を使い分けることができるように、感情は一週間で過ぎ去り、なにごとかを身に付けるには四週間を要するというふうに、人間のそれぞれの部分固有のリズムを踏まえて生活することができます。この講演は一九四八年にドルナッハで出版され、全集では第一〇七巻『精神科学的人間学』に収められています。

シュタイナー教育では、子どもの成長を七年ごとの単位で見ています。「人生設計（一）」（一九〇七年二月二十八日、ベルリン）と「人生設計（二）」（一九二四年八月十六日、トーキー）で、シュタイナーは成人後の人生の歩みについて触れています。「人生設計（一）」は全集五五巻『現代生活における超感覚的認識の意味』に収録、「人生設計（二）」を収めた『秘儀参入者の意識』は一九二七年にドルナッハ、一九五五年にフライブルクで刊行されたあと、同タイトルで全集第二四三巻として出版されています。七年ごとに人生を区分するのが基本ですが、そのほかに、自分と外界を区別できるようになる九歳、因果関係を把握できるようになる十二歳、自分の将来への衝動が生じる十八歳、心魂が身体という支えから切り離される二十七歳、心魂が大きな試練に出会う三十三歳頃、人生の方向転換への思いが生じる三十七歳などの、人生の節目があります。〈詳しくは、拙著『あなたは七年ごとに生まれ変わる』〈河出書房新社〉をご参照ください〉。

「運命にどう向き合うか」（一九一二年二月八日、ウィーン）は、一九四七年にドルナッハで出版された『クリスティアン・ローゼンクロイツの使命』に収録されたあと、全集一三〇巻『秘教的キリスト教と人類の霊的指導』に収められました。この講演は、私たちが出会う数々の運命的な出来事が、私たちの高次の自己によって引き寄せられたものであるという観点から、それらの運命にどのような姿勢で向かい合えばよいかを教えています。〈運命の不思議については、シュタイナー『いかにして前世を認識するか』『カルマの開示』〈ともにイザラ書房〉などでも語られています〉。

本書には、みなさんの生活に役立つ示唆が、いくつもあるはずです。本書をお読みになって、シュタイナーが述べていることを、納得が行くまでご検討なさり、個性的で伸びやかな生活のしかたを工夫してくださると、うれしく思います。

最後に、本書の刊行を引き受けてくださった風濤社の高橋行雄前社長、編集をしていただいた柏原成光氏に、感謝の気持ちを表わします。

平成十二年孟春　　西川隆範

ルドルフ・シュタイナー（Rudolf Steiner）
1861年ハンガリーで生まれ、1925年スイスで没したオーストリアの精神哲学者。自然科学研究・哲学研究を経て、独自の精神科学＝人智学Anthroposophieを樹立。教育・医学・農業・芸術の分野で大きな業績を残した。著書に『シュタイナー自伝』（アルテ）、講義録に『シュタイナー世直し問答』（風濤社）、『人間理解からの教育』（筑摩書房）など。全354巻の『ルドルフ・シュタイナー全集』は、ルドルフ・シュタイナー出版社（スイス）から刊行されている。

西川隆範（にしかわ・りゅうはん）
1953年京都市生まれ。奈良西大寺で得度、高野山宝寿院で伝法灌頂。ドイツのキリスト者共同体神学校に学ぶ。スイスのシュタイナー幼稚園教員養成所講師、アメリカのシュタイナー・カレッジ客員講師を経て、多摩美術大学非常勤講師。おもな著書・訳書に『人間の四つの気質』『星と人間』『人体と宇宙のリズム』『身体と心が求める栄養学』『シュタイナー教育ハンドブック』『シュタイナー心経』『シュタイナー式優律思美な暮らし』『シュタイナー　天地の未来』（風濤社）『シュタイナー経済学講座』（筑摩書房）『生き方としての仏教入門』（河出書房新社）『神秘的事実としてのキリスト教と古代の密儀』『シュタイナー仏教論集』（アルテ）『ルカ福音書講義』『第五福音書』（イザラ書房）『創世記の秘密』『釈迦・観音・弥勒とは誰か』（水声社）『薔薇十字仏教』（国書刊行会）『インドの叡智とキリスト教』（平河出版社）など。2013年没。

＊本書は2000年3月刊行の同タイトルの新装版です。

人間の四つの気質　**日常生活のなかの精神科学【新装版】**

ルドルフ・シュタイナー　著
西川隆範　編訳

2019年1月5日　初版第一刷発行
2022年3月31日　　　第二刷発行

発行者………高橋 栄
発行所………風濤社
東京都文京区本郷 4-12-16　〒113-0033
TEL. 03-5577-3684
FAX. 03-5577-3685

印刷所………精文堂印刷株式会社
題　字………松田奈那子

落丁・乱丁はお取り替えいたします。
無断複製・転載を禁ず。
ISBN 978-4-89219-453-5

ルドルフ・シュタイナー　西川隆範編訳　新装版

星と人間

星は人間の運命にどうかかわっているか――天空に輝く星は、私たちの体にも、人生にも、そして文化にも深くかかわりをもっている。「運命を規定する星・人間を解放する星」をはじめ、星と人間にかかわる興味あふれる講演9篇を収録。

定価2200円＋税　四六判　216頁　978-4-89219-427-6

身体と心が求める栄養学

食は心にも届く、感覚をはぐくむ――摂取した栄養は体内をめぐり心を刺激する。食物と人間の関わりを解き明かす講義8篇。

定価2200円＋税　四六判　224頁　978-4-89219-428-3

色と形と音の瞑想

精神科学の独自の観点から色・形・音について語る。その意味を念頭に置いて、今一度私たちのまわりの色・形・音を整え。より良い生活、麗しい生活を築くための一冊。

定価2200円＋税　四六判　224頁　978-4-89219-460-3

人体と宇宙のリズム

リズムは意志を強め、心身を力づける――人体のリズムと天体のリズムのバランスをとることで、人間はより良くいきいきと生きることができる。ここには自分流の生活を築くためのヒントが満ちている。

定価2200円＋税　四六判　208頁　978-4-89219-457-3

https://futohsha.co.jp